『治国良臣』系列

运筹帷幄
诸葛亮

姜正成◎编著

郑州大学出版社

郑州

图书在版编目（CIP）数据

运筹帷幄——诸葛亮 / 姜正成编著 . —郑州：郑州
大学出版社，2018.1
　（治国良臣）
　ISBN 978-7-5645-4239-9

　Ⅰ . ①运… Ⅱ . ①姜… Ⅲ . ①诸葛亮（181-234）
- 传记 Ⅳ . ① K827=362

中国版本图书馆 CIP 数据核字（2017）第 078740 号

郑州大学出版社出版发行
郑州市大学路 40 号　　　　　　　　邮政编码：450052
出版人：张功员　　　　　　　　　　发行部电话：0371-66658405
全国新华书店经销
虎彩印艺股份有限公司印刷
开本：710 mm×1 000 mm　 1/16
印张：14.75
字数：198 千字
版次：2018 年 1 月第 1 版　　　　　印次：2018 年 1 月第 1 次印刷

书号：ISBN 978-7-5645-4239-9　定价：43.80 元
本书如有印装质量问题，请向本社调换

前 言

诸葛亮，字孔明，琅琊阳都人（今山东省沂南县），三国时期著名的政治家和军事家。

公元207年，诸葛亮被刘备三顾茅庐请出隆中，此后27年的政治生涯中，他出将入相辅佐刘备、刘禅父子，开国建业。为兴复汉室，成就霸业，他立法施度，选贤任能，务农植谷，发展生产，联吴抗魏，南征和夷，五伐中原，直到54岁病逝于伐魏前线五丈原，一生鞠躬尽瘁，死而后已。

诸葛亮是一位谦虚谨慎的政治家。"诸葛一生唯谨慎"，这在古代政治家中是十分宝贵的政治品格。诸葛亮身为丞相，位居一人之下，万人之上。在高度集权的政治体制中，他深知自己如不谨慎，决策稍有失误，势必误国误民。他主张君主应实行"纳言之政"，要治理好国家，必须多闻多见，听取各方面的意见，了解各方面的情况，这就好像有了更多的眼睛、耳朵，才能看得广，听得全，使人避免失误。

诸葛亮还是一位能严格要求自己、不贪名利、为官清廉、注重品德修养的政治家。他一门三代，都是忠烈，可谓难得。

诸葛亮身居高位，对子女要求却很严格。

诸葛亮起初没有儿子，将他哥哥的次子诸葛乔过继来作为长子。他北伐时，让诸葛乔随军锻炼，和其他将领的子弟一起，率士兵在山谷中押运军需物资。做到与将士们"同甘苦，共荣辱"。诸葛亮自己有远大的政治抱负，他要求子侄也应如此。他给子侄写信要求他们"志当存高远"，要有博大的胸怀，远大的志向，向先贤学习，排除私欲，注意意志情操的培养，抛弃庸俗的东西，把自己锻炼成有所作为的人。

诸葛亮很注意读书学习，不断充实自己。他也要求子侄们注意读书学习。他在《诫子书》中说："夫君子之行，静以修身，俭以养德。非淡泊无以明志，非宁静无以致远。夫学须静也，才须学也，非学无以广才，非志无以成学。"意思是，一个有品德修养的人，应以心静来修养自己，以俭朴培养美德。不清心寡欲就无法明确志向，没有宁静的心情就无法达到深远的境地。学习必须心静专一，才干必须通过学习取得；不学习是无法增长才干的，没有明确的志向是不能成就学业的。

诸葛亮对自己的儿子、侄子的教育是成功的。诸葛亮后来又生了一个幼子叫诸葛瞻，在他的严格教育下，诸葛瞻成长很快，成年后当官，为官清正，忠于国家。诸葛亮去世后，在魏军进攻蜀国时，他领兵抵抗，英勇战死。诸葛瞻的儿子诸葛尚虽然只有十几岁，也随军作战，听说父亲阵亡，叹口气说："我父子深受国恩，只因没能及早铲除内奸，以致有现在的战败，而今我活着还有什么意义？"说完就骑上战马，冲入敌阵，也战死了。诸葛亮一门三代，都是忠烈。

蜀亡之后，诸葛亮的名声反而更大，身价反而愈高。从晋代开始，历代都在给诸葛亮升官晋爵，赐庙加号，使他逐渐被神化。

历代封建统治阶级对诸葛亮的颂扬，自然有着他们本身的政治目的，但是，诸葛亮忠于信念、矢志不移的精神，谦虚谨慎、克己奉公的节操，永远值得后人追缅和学习。他运筹帷幄、神机妙算的谋略家形象，永远活在人们心中。

目 录

第一章 淡泊明志

隆中是一个山清水秀又很幽静的地方，有名的沔水从北面缓缓流过。从一个不大的谷口进去，再走三四里山路，便是隆中村。史书记载说，诸葛亮在这个山村里"结草庐而居"，还亲自耕种过田地。因为这时的诸葛亮无家资财产，生活来源没有保障，除倚仗亲友的接济外，只能不时的亲自参加农业劳动，以补衣食的不足。

他在青少年时代熟读了儒家的经典，又广泛地阅读了法家、兵家、道家、墨家等书，接受了诸子百家的思想。

第二章 三顾茅庐

诸葛亮说："荆州这个地方，北有汉水、沔水，南可达于南海，东可连接吴会，西则通往巴蜀。这是一个战略要地，而它的主人刘表却没有能力将其守住。这恐怕是天赐给您的宝地，不知将军对它有意没有？还有益州这个地方，地理险要，沃野千里，乃是天府之国。当初汉高祖刘邦就靠这里成就帝业。如今它的主人刘璋昏庸无能，又有张鲁在北边与他分庭抗礼。那里民多地富而刘璋却不知道如何治理，以使百姓安居乐业，因此，那里有眼光有才能的人都希望得到一个明主。"

第二章 联吴抗曹

诸葛亮劝刘琦去镇守江夏。出此计策，一方面是解刘琦之危，另一方面也是为了刘备集团的利益。他知道，在刘表集团内，主张投降曹操的人不在少数。刘表体弱多病，万一荆州有变，刘备的抗曹将与当局的降曹相冲突，到那时，刘琦的江夏郡还可以作为一块立足的根据地。从这方面讲，刘表宗室内部的矛盾又和荆州内的主客矛盾相纠缠着。

第四章 三分天下

诸葛亮辅佐刘备，占益州，取西川，招降纳叛，增强实力，终于实现了"三分天下"的谋略。接下来，他又协助刘备，选贤任能，发展经济，为统一天下做准备。

然而，随后形势骤变，令诸葛亮始料不及，以致让他也不能控制。这件事就是关羽大意失荆州，让刘备失去了直接攻击襄阳、樊城的根据地，也无法从荆州出兵北伐，而且大长了孙权的势力。

第五章 治理西蜀

诸葛亮为了维护蜀汉的统治，增强国家的经济力量，供应军事上的需要，在积极进行政治改革的同时，也注意发展生产，利用当地的自然条件，广开财源，尤其是推行"务农殖谷"的政策，促进农业经济的进步。

诸葛亮用人，打破地区和集团的界限，既用外籍人，也大量使用益州本地人，使本地人的地位有所提高。

目 录

第六章 出师未捷

诸葛亮去世后，按照他的遗嘱，蜀军把他的遗体安葬在定军山（今陕西勉县南）。定军山是当年蜀、魏两国交战的战场，蜀军曾在这里大破魏军，斩杀魏国大将夏侯渊。诸葛亮不要求葬在蜀国都城成都，而是选择前方战场作为墓地，表达了他志在统一、壮志未酬、埋骨沙场的壮烈情怀。诸葛亮在遗嘱里还交代，他的丧葬应力求俭朴，依山形造坟，墓穴大小只要能容纳一口棺木就行。入殓时，只穿平日便服，不放任何陪葬器物。

第七章 蜀国余晖

公元263年，司马昭派三路大军伐蜀。一路由征西将军邓艾率兵三万多人，自狄道（今甘肃临洮）向沓中，进攻姜维；一路由雍州刺史诸葛绪领兵三万，自祁山向阴平附近的桥头进攻，以绝姜维的归路；另一路由钟会统领十多万大军，分别从斜谷、骆谷、子午谷各路前进，直取汉中。

蜀汉灭亡了，刘禅出降，被解往洛阳，从此乐不思蜀。蜀汉自221年刘备称帝，到263年刘禅亡国，共经历了43年。

第八章 善于治军

诸葛亮以法治军，纪律严明，训练有素，戎阵整齐，因此蜀军的战斗力是比较强的。蜀军在诸葛亮的指挥下，经历的战争很多，遇到的名将也不少，结果是胜多败少，失败的时候也没有出现溃不成军或全军覆没的情形，应该说这和诸葛亮对军队卓有成效的治理是分不开的。诸葛亮的军事思想后来汇集成书，广为流传。

第九章 高风亮节

《诫子书》是诸葛亮对儿子的训示，也是他自己多年修身从政的经验之谈，其中融会了一些道家思想。原文的第一句话是："夫君子之行，静以修身，俭以养德，非澹泊无以明志，非宁静无以致远。"意思是说，一个品德高尚的人，以心静来修养自身，以俭朴来培养美德。不清心寡欲就无法确立远大志向，不心情宁静就无法达到深远境地。

附 录

第一章

淡泊明志

隆中是一个山清水秀又很幽静的地方，有名的沔水从北面缓缓流过。从一个不大的谷口进去，再走三四里山路，便是隆中村。史书记载说，诸葛亮在这个山村里"结草庐而居"，还亲自耕种过田地。因为这时的诸葛亮无家资财产，生活来源没有保障，除倚仗亲友的接济外，只能不时的亲自参加农业劳动，以补衣食的不足。

他在青少年时代熟读了儒家的经典，又广泛地阅读了法家、兵家、道家、墨家等书，接受了诸子百家的思想。

生逢乱世

公元181年是东汉灵帝光和四年。七月的一天，在徐州琅琊郡阳都县一户门第不高的家庭里，第二个男孩诞生了，他就是后来的诸葛亮。

诸葛亮祖上原本姓葛，是秦末跟从陈胜起义的将军葛婴的后代，汉文帝时追录其功，封他的孙子为诸县（属琅琊郡）侯。后来其家族由诸县迁至阳都，因阳都先有姓葛的，人们便称其为"诸葛"以示区别，久而久之就习用为复姓了。

诸葛亮的远祖诸葛丰在西汉元帝时候做过司隶校尉，为官清正，"刺举无所避"，在当时名声很高。诸葛家族到了诸葛亮父亲时，家世虽不显达，但多少还有点名望。诸葛亮父亲诸葛珪做过泰山郡郡丞，叔父诸葛玄和当时名门世族中的高官显宦袁术以及荆州牧刘表等都有往来。

在诸葛亮幼小时，生母章氏就不幸病故了，上有比他大五岁的哥哥诸葛瑾和两个姐姐，下面有一个弟弟诸葛均。为了抚育孤息，父亲又娶了一个妻子。大约在诸葛亮八岁时，父亲诸葛珪又去世了，一家子的生活也就只有依靠叔父诸葛玄来安排料理了。大约在诸葛亮十四岁那年，叔父诸葛玄被扬州军阀袁术任命为豫章（今江西南昌）太守。本来太守是朝廷任命的，但当时军阀割据，控制淮南一带的袁术便自行任命太守了。诸葛亮和弟弟诸葛均随同叔父到了豫章。

可是不久，东汉朝廷派朱皓来接替诸葛玄，而且朱皓还带了兵来，准备强行接任。诸葛玄势单力孤，只得匆匆撤离。家乡是回不去了，诸葛玄就带着诸葛亮兄弟前往荆州去投靠老朋友刘表。

诸葛亮少年时期，正处于东汉政治黑暗，阶级矛盾发展，社会动荡不安的时候。其时，政治腐败、黑暗，以豪强地主为统治基础的强势集团，对人民的压榨非常严重，苛捐杂税多如牛毛。他们"馆舍布于州郡，田亩连于方国"，拥有成千上万的奴婢和徒附。广大农民丧失土地之后，多数沦为豪强地主的依附农民。他们除了交纳高额地租和服徭役外，人身也受到地主的支配，如充当家兵等，甚至跟随主人迁徙。农民与地主阶级处于尖锐对立地位。

汉灵帝刘宏（公元168年—189年在位），是一位贪得无厌的皇帝。他专门建造了一个"万金堂"，把搜刮来的民脂民膏存放在那里，据为己有。为了"大发其财"，这个昏君甚至把各级官爵定出价钱，公开拍卖。他规定，郡守一类的地方官为两千万钱，"公"为一千万钱，"卿"为五百万钱。为什么地方官比朝官的价钱贵呢？这是因为地方官便于直接搜刮民众，赚钱比较容易。更可笑而恐怖的是，有钱的人可以现钱买官，无钱的人可以先期赊欠，以后再加倍偿还。如此一来，买官者上任后，自然会千方百计地搜刮人民，一个个都成了"视民如寇仇，税之如豺虎"的贪官污吏。

东汉末年，外戚与宦官交替把持朝政，皇帝形同虚设。他们一方面大肆搜刮民脂民膏，强取豪夺；同时又把持官吏选拔大权，滥用亲朋，颠倒是非，混淆黑白，堵塞了一大批有品行、有学识的知识分子的仕途。当时民间流传着嘲讽官吏选拔制度的打油诗："举秀才，不知书；察孝廉，父别居；寒素清白浊如泥，高第良将怯如鸡。"由此可知，在外戚和宦官把持下选拔出来的官吏都是何等昏庸的人物。

政治的黑暗，社会的动荡，国家命运和个人前途的渺茫，促使一部分官僚和知识分子对时政提出议论和尖锐的批评，贬抑篡权窃国的外戚宦官，褒扬不畏权势忧国忧民的清官廉吏，逐渐形成了所谓的"清议"。这些清议人士，有的以笔墨做刀枪，以言论为武器，抨击宦官，

淡泊明志

议论朝政，要求改革吏治，有的则利用手中的一部分权力，制裁宦官的党羽。在这种情况下，宦官集团则依靠皇帝的权力打击他们，称他们为党人，将他们下狱治罪，他们有的被杀害，有的被禁锢终身，不得做官，这就是历史上所说的"党锢事件"。

"党锢事件"充分暴露了东汉政治的黑暗，标志着东汉政治危机的加深。灵帝中平元年（184年），黄巾起义终于像火山一样爆发了，这一年诸葛亮刚刚四岁。

黄巾起义是一次有组织、有准备的农民起义。首领是张角，他利用"太平道"这一宗教形式来组织起义，在传道治病的掩护下，联络群众，组织人员，进行了十多年的秘密准备工作。很快，起义队伍发展到几十万人。张角提出"苍天已死，黄天当立，岁在甲子，天下大吉"（《后汉书·皇甫嵩传》），作为号召人民推翻旧政权、建立新政权的口号。"苍天"指东汉朝廷，"黄天"指太平道。"甲子"指甲子年（中平元年），在这一年里，如果人民一同起义，推翻汉朝，那就天下太平了。

黄巾起义受到广大人民群众的拥护，"旬日之间，天下响应"。他们焚烧官府，镇压贪官污吏，给封建统治者以沉重打击。起义军的主力集中在冀州、颍川和南阳地区，形成对首都洛阳的威胁。为了缓和统治阶级内部矛盾，以全力对付起义军，汉灵帝宣布赦免禁锢的"党人"，然后选派将帅，征发天下精兵前去镇压。与此同时，各地的豪强地主武装修筑坞堡，对抗起义军，有些则协同政府军向起义军进攻。

黄巾军斗争矛头直指东汉王朝和地主阶级。他们所到之处，焚烧官府，捕杀官吏，夺回被地主豪强霸占的土地，释放被囚禁的群众，开仓赈济饥民。在这支起义队伍中，也有不少劳动妇女参加，她们和男子一样杀上战场，给东汉官军以沉重的打击。农民军的革命风暴席卷长江南北和黄河两岸。在黄巾起义胜利的鼓舞下，各地少数民族也纷纷起来，进行反对封建统治的斗争。

不过，和东汉政权相比，起义军在军事力量和整体实力方面都太弱小，再加上起义军分散各地，又缺乏作战经验，终于被东汉统治者各个击破，大部分战士和首领壮烈牺牲。黄巾军主力失败后，其他各地的黄巾军，特别是青州、徐州的黄巾军以及在冀州的黑山起义军，仍然继续坚持斗争，有着很大的影响。

黄巾军主力被镇压后，黄巾余部和各地的农民武装，仍坚持斗争，给封建割据势力和豪强地主以沉重的打击。黄巾起义以及在它影响下的各族人民起义共持续了二十多年。像这样有组织、有计划、有纲领、有准备的起义，在中国古代农民起义史上是空前的。它公开宣布要推翻东汉王朝，建立农民自己的政权，比以前的农民起义有显著的进步。起义虽然最后失败了，但是它以排山倒海之势，雷霆万钧之力，沉重打击了极端腐朽的封建地主阶级，推动了社会向前发展。

在农民起义的沉重打击下，腐朽的东汉王朝已名存实亡了。

黄巾起义被镇压后，敌对阶级之间的矛盾缓和，统治阶级内部的矛盾则激化起来。一方面外戚集团和宦官集团的斗争加剧，另一方面地方武装割据势力发展，逐渐形成军阀间相互混战的局面。

中平六年（189年），汉灵帝死，少帝刘辩登基，这个皇帝虽不宠信宦官，但是对外戚何进言听计从。在少帝的宠信纵容之下，何进控制朝政。他先发制人，将宦官的头领蹇硕杀掉。接着，在何进的配合下，世代官僚地主家庭出身的袁绍、袁术领兵搜捕宦官，杀死两千多人。宦官集团进行反击，张让等又杀掉了何进。

这时期，凉州军阀董卓领兵进入洛阳，废了少帝，立刘协为献帝，控制朝政，专断独行。至此，长期以来交替执政的外戚和宦官两大集团之间的斗争宣告结束。

这样，统治阶级内部的矛盾斗争，宦官和外戚的斗争退居次要地位，社会矛盾主要表现为各官僚地主武装集团之间的武力冲突，即所

谓军阀混战。

早在西汉武帝刘彻时期，曾将中原地区分为十三个州，州置刺史，掌管监察，无兵权也无治民权，州也不是地方一级的行政机构。汉灵帝中平五年（188年）开始，东汉政府先后把重要地方的州刺史改为州牧，给予领兵治民之权，这样，州便成为地方的最高行政机构。

由于中央赋予州牧太多的权力，并且州牧有领兵治民之权，州牧的实力便越来越大，以至于在某种程度上使得中央根本无力控制地方。在这种情况下，州牧便成为事实上各霸一方的土皇帝。与此同时，没改为州牧的刺史及其下边的郡太守们，也乘机发展武装势力，抢占地盘，并和各地的地主武装勾结起来，把自己控制的地区变成独立王国。

在各地主武装集团中，董卓是个最为残暴的家伙。他专断朝政，为所欲为，排除异己，对人民一味掠夺残杀，引起老百姓的强烈不满和憎恨。于是，关东（潼关或函谷关以东）地区的各武装集团的首领，主要是袁绍、袁术、曹操等，他们组成了联军共同讨伐董卓。在关东诸路军阀的进攻下，董卓烧掉洛阳宫殿，挟持献帝，迁都长安。由于各军阀都想保存自己实力，谁也不肯带头与董卓军队进行激烈的战斗，不久便收兵，各自回到本地区发展自己势力去了。

导致东汉末年军阀大混战的直接原因是政治腐败（集中表现是宦官专政），东汉豪强地主政治上世代做公卿大官，把持中央和地方大权，拥有推举官吏的权力，横行乡里，无恶不作；经济上占有大量土地人口，役使大量奴仆，生活奢侈，形成自成一体的田庄。

而东汉豪强地主势力的发展为军阀混战提供了社会基础。东汉末黄巾大起义，豪强地主纷纷组织武装，修筑坞堡，镇压黄巾军，乘机扩展势力。他们是地方上的实力派，割据一方的州牧郡守如果得不到这些豪强的支持，就很难立足。像刘备依靠荆州地主集团入川，又得刘璋旧部东州地主集团和益州地主集团的支持才建立蜀汉。孙权得江北大族张昭、周瑜支持，特别是得到江东地主集团顾陆朱张四大姓及全氏贺氏等豪强的支持才站稳江东。而曹操则是以颍川荀氏、沛国曹氏、夏侯氏地主集团为基干，广泛罗致北方地主集团的支持发展起来的。

如果中央政权稳固，能有效控制豪强地主，地方经济愈发达，国家愈强大。西汉前期的经济繁荣，带来了汉武帝的雄伟事业。反过来如果中央政权削弱，国家对豪强势力失去控制，那么，地方经济愈发达，愈要和中央闹独立。东汉末年就是这一种情况。当黄巾起义沉重地打击了东汉政权，使刘姓皇帝摇摇欲坠时，中央集权被大大削弱了，于是，这些手握权要的豪强地主的代表人物都有着割据称雄的野心，并逐渐形成了一股股军阀割据势力。在献帝建安元年（196年）以前，也就是在诸葛亮隐居隆中期间，各地区的武装割据势力主要有：

公孙度，占据辽东（今辽宁西部）；

刘虞、公孙瓒，先后占据幽州（今河北北部）；

袁绍，占据冀州、青州和并州（今河北中南部、山东东北部和山西大部）；

曹操，占据兖州（今山东西南部、河南东部）；

袁术，占据扬州一部分（今淮河下游和长江下游以北地区）；

张绣，占据南阳（今河南西南部）；

陶谦、刘备、吕布，先后占据徐州（今江苏北部、山东东南）；

孙策，占据江东（今长江下游江南地区）；

刘表，占据荆州（今湖北、湖南）；

刘焉，占据益州（今四川、贵州和云南地区）.

张鲁，占据汉中（今陕西南部）；

董卓等，先后占据司隶（今陕西中东部、河南西部）；

马腾、韩遂，占据凉州（今甘肃、宁夏和青海湟水流域）。

这些割据一方的军阀，为了争夺土地和人口，相互之间展开了频繁的兼并、争夺战争。这些战争，使人口大量死亡或流散，田园荒芜，社会生产遭到严重破坏，原本人口稠密、生产发达的中原地区，变成数百里不见烟火的荒野之地，出现了诗人王粲在《七哀诗》中所记述的"出门无所见，白骨蔽平原"的悲惨景象。

诸葛亮就生在这样一个乱世。不幸的家庭境遇，颠沛流离的艰苦生活，使诸葛亮承受了人间的风雨，磨炼了意志和心胸，提高了对挫折的容忍力，这对他的成长无疑是有好处的。

隐居隆中

诸葛玄到襄阳后，成为刘表府里的幕僚。过了没多久，他把大侄女许配给蒯祺，把小侄女许配给庞山民。此二人都是襄阳的望族。

两个侄女出嫁了，诸葛玄又开始操心诸葛亮兄弟的前程。于是，诸葛亮被送进刘表办的"学业堂"里读书。诸葛亮在"学业堂"结识了同窗好友徐庶、石广元、孟公威，还有和徐庶同住在檀溪的崔州平。后来，诸葛亮又结识了庞统、杨颐、杨仪、马良、马谡、陈震、廖化、向朗等好友。

虽然暂时有了安身之所，但诸葛玄总觉得自己寄人篱下，不是长久之计，又为子侄的前程担心，难免心绪不安。结果忧愤成疾，一病不起，与世长辞。叔父的去世，使年轻的诸葛亮更加孤苦伶仃，没有亲人照顾了。

从黄河流域来到长江流域，由北向南，再由东向西，辗转千里。流离漂泊的生活和遭遇，使诸葛亮增长了不少见识。他意识到家庭、个人的命运是和整个社会紧密地联系在一起的。

由于顾及老朋友的情谊，刘表没有将诸葛亮兄弟赶走，仍然照顾他们的生活。但是，诸葛亮是一个有志气的青年，他想到自己已经十六七岁了，不应总是仰人鼻息，长期靠人施舍过活。他决心靠自己的努力，克服困难，闯出一条路来。他去见刘表，表明自己的意愿。刘表很高兴，帮助他们在襄阳城西二十多里一个叫隆中的地方，置了点田产，兄弟二人在这里定居下来。时为公元197年。从此，隆中便成了诸葛亮的第二故乡，他在这里开始了所谓的隐居生活。

诸葛亮为什么离开刘表的庇护，到隆中隐居呢？因为他发现，刘表并不是一把值得依赖的"保护伞"。

当时，刘表以"八顾"之一而著称，但他心胸狭窄，"外貌儒雅，而心多疑忌"。因此，怀才抱艺之士，多弃他而去。如"刘备奔表，表厚待之，然不能用"；别驾韩嵩探查曹操虚实，刘表反而怀疑韩嵩通敌，想杀掉韩嵩，亏得他的妻子蔡氏说情，才囚而不诛；祢衡是当时的名士，刘表不能用，便送给江夏太守黄祖，结果被黄祖所杀。又如庞统、马良、马谡、杨仪等人，都曾投奔他，却不能为他所容，后来都成了刘备的谋士或战将。

总的来说，刘表目光短浅，没有理想和抱负，苟安于荆州一隅，非霸主之器，致使志士离心。因此，诸葛亮对刘表很失望。他认为，在这个弱肉强食的乱世，跟着刘表不仅没有前途，甚至还有性命之忧。

到建安二年（197年），曹操、袁绍、吕布、孙策等各霸一方，袁术又在淮南称帝，战争连年不断，国家形势异常混乱，群雄争霸尚不知鹿死谁手。而原来还比较安宁的荆州，从建安二年的五月开始，由于曹操进攻宛城的张绣，战火烧到了荆州，引起此地的人心不安。

在这强者兼并弱者的严酷形势下，刘表只求自保一州，而不思进取；荆州又处于天下必争之地，随时都有被人吞并的危险。在这种情况下，唯有锐意进取才有生路，一味偏安，哪有前途呢？诸葛亮也许正是看出刘表难成大事，又不愿投靠别的军阀，所以才选择暂时隐居。

再者，诸葛亮的叔父诸葛玄求安思想对他影响较大，这让他事事谨慎，知道荆州不可能长治久安，遂决定隐居躲避。后来他在《出师表》中说的"苟全性命于乱世，不求闻达于诸侯"，正反映了他当时的真实思想。

同时，诸葛亮想找一个适合自己的环境，埋头苦读，积极探索治国安邦之道。

诸葛亮出身名门世族，身上有先祖遗风，又受到过良好的儒家教育，特别是颠沛流离中目睹和经受了战乱之苦，使他产生了铲除群雄、平定战乱、统一天下的伟大抱负。但他也知道，要实现人生抱负，必须有担当重任的才能，所以，他要移居隆中，为自己找一个好的环境来从事躬耕、苦读。

隆中是一个山清水秀又很幽静的地方，有名的沔水从北面缓缓流过。从一个不大的谷口进去，再走三四里山路，便是隆中村。史书记载说，诸葛亮在这个山村里"结草庐而居"，还亲自耕种过田地（《三国志·诸葛亮传》）。因为这时的诸葛亮无家资财产，生活来源没有保障，除倚仗亲友的接济外，只能不时地亲自参加农业劳动，以补衣食的不足。

史书上没有记载他在襄阳和隆中时期读了什么书，但从他出山后治军治国方略中可以推断，他在青少年时代熟读了儒家的经典，又广泛地阅读了法家、兵家、道家、墨家等书，接受了诸子百家的思想。

他后来为刘禅手抄《申子》《韩非子》《管子》，这些都是法家著作，《六韬》是兵书。他把这些书抄写给刘禅学习，说明他早已对这些书有过研究。

诸葛亮在隆中除了种地、读书、研究天下大事外，同时他还练习书法，研究音乐和绘画，使自己成为一个综合性人才。

在书法方面，诸葛亮从幼年到青年一直进行练习和研究。他能写多种字体，而尤其以篆书、草书最为出色。

在宋代，诸葛亮的书法作品作为有示范意义的"法帖"流行于世。北宋时，皇宫内还珍藏有他的书法作品。

在音乐方面，诸葛亮精通音律，喜欢操琴吟唱，有很高的音乐修养。更重要的是，诸葛亮不仅能吟唱、操琴，而且还会制作乐器——七弦琴和石琴。他还写了一部音乐理论专著《琴经》。

可见，诸葛亮在隆中时期是他的积累阶段，为以后在政治舞台上施展身手打下了坚实的基础。

诸葛亮定居隆中之后，全家在乡亲们的帮助下，克服了困难，很快适应了山村生活，开始走上自力谋生的道路。这里看不到战火硝烟，耕读生活倒也安定清静。但是诸葛亮是一个有抱负的青年，他并不满足于恬静的田园生活，他时刻关心社会上的事情，渴望有更多学习机会，以便将来干出一番事业。

战乱中颠沛流离的遭遇，山村中粗素清苦的生活，以及劳动中与下层民众的接触，使诸葛亮对劳动人民的生活状况、思想感情有了比较深入的了解，使他的思想感情与广大劳动人民的思想感情有一些接近之处，这对诸葛亮政治理想的形成，产生了相当大的影响。

荆州地区当时战乱相对较少，中原地区的不少人都到这里来避乱。其中有些年轻的地主阶级知识分子，如博陵的崔州平、颍川的徐元直（徐庶）、汝南（今河南平舆县）的孟公威等，都是其中的佼佼者。他们都厌恶当时腐败的政治和战乱不休的局面，都有改善政治、安定社会的抱负。他们常常在一起研习经史，切磋学问，读书吟诗，谈古论今，品评人物，砥砺志气，很是投合。诸葛亮原先在"学业堂"与他们同窗，又因志趣相投，日后经常往来，遂结为推心置腹的朋友。

有一天，崔州平、徐庶、孟公威三人到隆中来与诸葛亮聚会。他们在山上的茅舍中边品茶、边聊天，欣赏着周围山川的秀丽景色。

这时，诸葛亮已经是一个二十岁出头、身材高大、相貌堂堂的青

诸葛亮雕像

年，谈到天下大事时，他不禁叹了一口气说："当今天下大乱，豪强割据，战乱不休，整个中原就像一个大屠场，老百姓哪里还有活路啊！我们也不能终日谈文论赋，应该做一点于国家百姓有益的事才行啊！"

崔州平说："此言正合我意。但是，我们有心建功立业，怎奈英雄无用武之地，怎么办呢？"

诸葛亮说："自古以来，天下总是由乱而治，又由治而乱。当今天下大乱，总有一天要走向天下大治的。由乱而治，需要各种人才，我们静观其变，选择明主，将来还怕不能干出一番事业？"

孟公威说："依兄长之见，我们日后的成就如何？"

诸葛亮笑道："各位平时都能用功读书，又注意了解时势，以你们的才干，将来一定可以做到刺史、郡守。"

徐庶便问诸葛亮："你说我们将来可以当刺史、郡守，那么你将来能做什么呢？"

诸葛亮笑了笑，却没有回答。

其实，"少有逸群之才，英霸之器"的诸葛亮，他的抱负是何其远大！史书记载说他每自比于"管仲、乐毅"（《三国志·诸葛亮传》）。管仲是春秋时期齐国的大政治家，曾辅佐齐桓公整顿国政，进行一系列改革，使原来贫弱的齐国很快富强起来，成为春秋五霸之一。乐毅是战国时期燕国的名将，燕昭王时，他曾经领兵打败齐国军队，取得了连克七十多座城池的卓越战绩。春秋战国时代诸侯割据纷争的局面，和东汉末年军阀割据混战的局面非常相似。

诸葛亮常常自比管仲、乐毅，说明他有出将入相、治国安邦的抱负，希望能够辅佐明君，在乱世中施展自己的才能，建立"丰功伟业"。对此，当时的一些人还不了解，甚至认为他有些狂妄。燕雀安知鸿鹄之志哉！但他的好朋友崔州平、徐元直等人了解他、佩服他，"谓为信然"。诸葛亮对他的几个朋友的评价，也是实事求是的。后来他们在曹魏方面确实都做了刺史、郡守一类的官。如石广元历任郡守、典农校尉，徐元直官至右中郎将、御史中丞，孟公威做过梁州刺史、征东将军，官位都不算低。后来，诸葛亮任蜀汉丞相时教育群臣说："昔初交州平，屡闻得失，后交元直，勤见教诲。"这是他对青年时期好朋友们的回忆，从中可以看出这批胸怀大志的青年之间互相勉励，互相帮助，以诚相待的友情。

诸葛亮在隆中"隐居"期间，心情并不平静。他想投身到政治舞台，早日实现自己的政治抱负，可是诸葛亮又怕轻率地投奔一个碌碌无为、刚愎自用的军阀，很难保证自己政治抱负的实现，也容易受到嫉妒和陷害。因此，他一直踟蹰不前。在未遇明主之前，只好耐心等待，创造条件。《三国志》记载诸葛亮经常抱膝长啸，好为《梁父吟》，借以抒发自己的复杂心情。《梁父吟》是一种曲调的名称，用这种曲调写的诗歌不止一首。相传请葛亮所吟诵的《梁父吟》原文是这样的：

步出齐东门，

遥望荡阴里。

里中有三坟，

累累正相似。

问是谁家冢，

田疆古冶子。

力能排南山，

文能绝地纪。

一朝被谗言，

二桃杀三士。

谁能为此谋，

国相齐晏子。

田开疆、古冶子和公孙捷是春秋时代齐景公门下的三个壮士，因为他们三个恃功自傲，逐渐成为国家的祸害。国相晏婴便要相机除掉他们，以免他们危害国家社稷。晏婴聪明无比，利用齐景公巧妙地杀掉了这三个人：赏给三个壮士两只桃子，叫他们各自估量自己的功劳，功劳大的可以吃桃。结果三人因争功而自相残杀。这就是二桃杀三士的故事。诸葛亮经常吟咏这首诗歌，从侧面也反映出他愿意辅助贤明有德的君主，拥有成就一番像管仲、乐毅那样事业的理想和抱负。

 ## 躬耕陇亩

　　隆中是个小山村，在襄阳城西二十里，自公元197年叔父诸葛玄去世，诸葛亮就带着弟弟隐居于此，一住就是十年。来到隆中的开始几年，人地生疏，无亲无友，生活的重担自然主要由他承受。然而，最大的困难，还是没有学习的条件。东汉政府虽然办了一所太学，却远在洛阳，何况诸葛亮也无条件入学学习。因此，为了获得知识，提高自己，诸葛亮只能一边进行农业劳动，一边学习。

　　这个时期，诸葛亮结交荆州士绅中有影响的人物，特别是有声望的名士，同他们搞好关系，向他们请教，以增长自己的见识，扩大自己的影响力。

　　庞家的庞德公是豪强大姓中的头面人物，是当时襄阳地区颇有声望的大名士。他交游甚广，见识颇高，而且，这个人很清高，曾经多次拒绝刘表的邀请。有一次，刘表亲自去请庞德公，劝他说："你自己不肯出来作官求禄，那拿什么东西遗留给子孙呢？"庞德公回答说："我和别人不同，别人给子孙留下财富，我独给子孙留下平安，只是所遗留的不同，并不是没有遗留啊。"其实，庞德公也不是真心不想做官，只是他看到刘表庸碌无能，成不了大事，因此不能公开出来支持他，以免自己在政治上失足，招来杀身之祸。

　　庞德公周围团聚了不少有才干的人，他们经常在一起切磋学问，评论政局。庞德公经常品评人物，他的言论在当时的地主阶级和士大夫阶层很有影响。诸葛亮非常敬重庞德公，经常登门求教，而且每次都是恭恭敬敬地在床前跪拜，以求教诲，"跪履益恭"，就像秦末张良（字子房）求教黄石公那样，很是谦虚、很是虔诚。

　　庞德公很有政治眼光，他议论政事，揭示时弊，都很中肯。在诸葛亮的成长过程中，他所起的作用是不能低估的。清朝的阮函在《答鹿门与隆中孰优说》中曾评论说："隆中之所以为隆中，鹿门有以成之也。"（《襄阳府志，卷二十四》）诸葛亮住在隆中，庞德公以后隐居襄阳城东鹿门山，因此称诸葛亮为隆中，称庞德公为鹿门。

　　庞德公有个侄儿叫庞统（字士元），也是一个很有才能和政治抱负的青年，住在襄阳城东南汉水边上的白沙洲。诸葛亮经常与他交往，他们不仅是亲戚，而且又是志同道合的好朋友。庞统被庞德公誉为"凤雏"，后来和诸葛亮同为刘备的军师中郎将。

　　庞德公"初不令止"（《三国志庞统传》裴注），同时，并不把诸葛亮当作外人看待，还把家里的藏书借给他看，经常加以指教。随着交往的深入，庞德公对诸葛亮的为人、才能和抱负逐渐有所了解。觉得他

淡泊明志

进取心强，人又很聪明，而且胸怀大志，将来必能干出一番事业。加上庞德公的儿子庞山民娶了诸葛亮的二姐为妻，两家的关系非同一般，诸葛亮同庞德公的交往更为密切了。

东汉末年品评人物的风气很盛，如果得到一个德高望重的大名士的好评，就能使被誉者的身价提高不少。庞德公对诸葛亮非常器重并寄予很大希望，称诸葛亮为"卧龙"。卧龙是对隐居俊杰的比喻。一条蛰伏在沼泽里的蛟龙，一旦气候合适，就会升入云霄，施展其非凡的本领。这种雅号的评定和传播，使诸葛亮的名声越来越大了。

有一天，诸葛亮将自己批注的《孙子兵法》和绘制的作战阵图呈给庞德公看。

庞德公道："兵不在多而在精。对于兵法，一个人精通以后就可以教成十个人；十个人学了就可以教成百人，百人教千人，千人教万人。这样的军队就一定比那百万之师的乌合之众强得多。"庞德公的观点对诸葛亮产生了很大的影响，他后来成为军师，特别注重练兵。弱小的蜀国之所以能与强魏抗衡，很大程度上取决于诸葛亮练兵有方。他还将自己的心得写在《将苑》一书中："夫军无习练，百不当一；习而用之，一可当百……教之以礼义，诲之以忠信，诫之以典刑，威之以赏罚，故人知劝，然后习之，或陈而分之，坐而起之，行而止之，走而却之，别而合之，散而聚之。一人可教十人，十人可教百人，百人可教千人，千人可教万人，可教三军，然后教练而敌可胜矣！"

诸葛亮虚心求学的精神感动了庞德公，他不仅教给诸葛亮一般的治兵技巧和用兵方法，还将自己花了半生研究兵法的成果——从八卦到八阵的推演交给了诸葛亮，他希望诸葛亮能够据此推演出完善的八阵图来。他甚至没有将自己的成果传给亲生的儿子，这令诸葛亮万分感动，决心不负庞德公的殷切期望。

为了抓紧时间学习，他每天黎明即起，晚上也总要学习到深夜。他的学习方法主要是结合当时社会的实际,反复深入思考。学习疲倦了,他就抱膝高歌,唱一首《梁父吟》,既消除疲劳,同时也寄托他忧国忧民和"复兴汉室"、统一天下的胸怀。因此,在刻苦学习的过程中,他并不像两耳不闻国家大事的书呆子,而是时刻以东汉政权的兴亡为己任,经常思索使国家长治久安的治国方略。为此,他特别留心研究汉以前的社会历史、诸子百家思想以及兵法等,力求从中总结出西汉兴隆和东汉衰败的原因。他的学习态度是那样谦虚谨慎,尽管他对当时社会的重大问题都有自己的见解,但别人问到时,他总是轻轻地笑一笑,从不在别人面前夸耀自己的才能与见地。正因为这样,当时凡是同他经常有联系的人,没有一个不称赞他的。

回到隆中,诸葛亮就把自己关在屋中,经过他日日夜夜的苦心研究,八阵草图绘出来了。庞德公告诉他:"八阵通不通,须拜司马公!"

司马徽,字德操,人称"水镜先生",隐居在襄阳西南百里外。诸葛亮来到了水镜山庄。司马老先生用了很长一段时间带领诸葛亮去游历名山大川,尤其是那些两军对垒、兵家鏖战、成败于刀枪剑戟之下的古今战场。

游学使诸葛亮受益匪浅。诸葛亮在隆中一共居住十年多,这期间他并没有远离尘世,孤守田园,过真正的隐居生活。随着年龄、阅历和学识的增长,他在政治上逐渐成熟了。同时,频繁的社会交往,名士们的垂青,使他的社会影响不断扩大,这就为他结束隐居生活,登上政治舞台,施展自己的聪明才智,实现自己的政治抱负,准备了必要的条件。

八月十五"花红宴"(花红,一种水果,襄阳特产),是庞德公用以聚集荆州名流、隐士、学者的一年一度的盛会。这天,宾客们从四面八方来到鹿门山,围坐在一起,一面品尝花红果和花红酒,一面

切磋学问，交流信息。来此的皆是忧国忧民的饱学之士，大家平起平坐，不分长幼，畅所欲言。诸葛亮一反沉默寡言的常态，他以《吾有孙武、吴起之法》为题，一口气从用兵之法讲到布阵之秘，从将才、将志、将器、将弊、将德讲到用将七戒；从择才用智讲到爱兵、励士、赏罚、恩威并重。他那精益求精、天衣无缝的百战奇略与运筹帷幄、决胜千里的绝论，标新立异，令人耳目一新。荆州名流们无不对诸葛亮肃然起敬。

由于诸葛亮的刻苦自励，经过十年的时间，便在荆州地区建立了广泛的社会联系，赢得了荆州士绅阶层的拥戴；通过劳动，了解了百姓的疾苦；通过艰苦学习，获得了丰富的文学、史学、军事和科学等方面的知识。从而积累了较多的社会实践经验，增长了才干，形成了对当时军事、政治形势的精辟见解。诸葛亮关心国家大事，立下拯世济时的大志，学的是安邦治国的学问，这与当时的"儒生俗士"大不相同，那些人专门在咬文嚼字上下功夫，脱离实际，毫无用处。诸葛亮是为时代而生的，属于他的时代即将到来。

第二章

三顾茅庐

诸葛亮说："荆州这个地方，北有汉水、沔水，南可达于南海，东可连接吴会，西则通往巴蜀。这是一个战略要地，而它的主人刘表却没有能力将其守住。这恐怕是天赐给您的宝地，不知将军对它有意没有？还有益州这个地方，地理险要，沃野千里，乃是天府之国。当初汉高祖刘邦就靠这里成就帝业。如今它的主人刘璋昏庸无能，又有张鲁在北边与他分庭抗礼。那里民多地富而刘璋却不知道如何治理，以使百姓安居乐业，因此，那里有眼光有才能的人都希望得到一个明主。"

徐庶荐贤

诸葛亮无疑是个天才。他学究天下，兼通儒道之术；他高瞻远瞩，能对天下形势做出正确的分析、预测和决策；他身在隆中，心系海内，以其政治家特有的敏锐，通过各种途径、各种人物捕捉天下局势的每一个细小的变化；以他思想家特有的深邃，根据捕捉到的信息，分析预测天下的未来走势。

日复一日，年复一年，随着时间的推移，信息量的不断增加，北方和南方政治军事形势的发展，诸葛亮心中思考的未来政略和战略也逐渐成熟。他的思考无疑是积数年之苦功，极具价值的真知灼见。但真货必须要有识家才能品其珍贵，这个识家如今在哪里呢？每当心绪不宁时，诸葛亮总爱翻翻书籍，因为书能把他领入另一种境界。他拿起老子的《道德经》，无意中翻到了第十六章，立即看到了这样一句话："致虚极，宁静笃，万物并作。"他马上意识到，"货卖识主"，与其仓促出手，不如平心静气地等下去，只有这样才有可能实现愿望，焦躁只能半途而废，不宁静就不能致远。想到这里，诸葛亮挥毫写下了"淡泊以明志，宁静而致远"的名句，以警示自己。

诸葛亮在隆中静以待机，终于等到了自己心目中的明君——刘备。

刘备和曹操一起灭了吕布之后，受曹操推荐，被汉献帝任命为左将军。汉献帝为了建立自己的势力，还排了排辈分，尊称刘备为皇叔。这个"皇叔"当然要帮助"皇侄"争天下，意图对曹操不利，结果为曹操察觉，刘备不得不逃之夭夭。

几经周折，刘备如丧家之犬，逃到荆州依附刘表，被刘表派往新野

诸葛亮

驻扎。刘表的大舅子蔡瑁对刘备始终心怀顾忌，把刘备看作眼中钉、肉中刺，必欲除之而后快。于是设下"鸿门宴"，意欲加害刘备。刘备跃马檀溪，总算逃得一命。

徐庶听说这些事情后，一方面鄙视刘表集团不能容人，一方面对刘备的遭遇深感同情，遂动了侠义心肠，对诸葛亮说道："弟已决定毛遂自荐，到新野去投奔刘备，辅助他干一番事业。"

诸葛亮听罢大喜，因为这几年他一直很关注刘备这个人，对他过去的所作所为自然进行过详细研究、分析，认为是一个不可多得的英雄，也可以说是个比较令人满意的仁德之主。可是，百闻不如一见，现在徐庶要去投奔他，真是难得的好机会。诸葛亮不仅赞赏徐庶敢说敢为的气魄，而且深深为徐庶那当机立断的大丈夫精神所感动。

刘备与徐庶会谈后，很欣赏他的才华，当即拜他做了军师。

当时正赶上曹操派夏侯惇、于禁带领三万兵马杀奔新野来了，徐庶利用诱敌深入之计，使曹军几乎全军覆没。镇守樊城的曹洪不服气，带兵前来报仇，摆了个八门金锁阵。谁知徐庶不但轻而易举破了阵，还略施小计，连曹洪的老窝樊城也端了。两仗下来，徐庶的大名就威震曹营了。

刘备一生还没有打过如此漂亮的仗，对徐庶信服得五体投地，大宴三天为徐庶庆功。徐庶诚心诚意地说："我这点本事算不了什么。荆州比我高明的人还多着呢！襄阳城西的隆中山，就有一位高人隐居在那里，人称'卧龙先生'。"

刘备兴冲冲地问："这位'卧龙先生'，比军师如何？"

徐庶说："他平时自比管仲、乐毅，依我看，他可以比作兴周八百年的姜子牙，旺汉四百载的张子房。"

刘备一听，又惊又喜，忙对徐庶说："此地有这样的高人，我哪敢错过？烦劳军师辛苦一趟，把'卧龙先生'请来一聚吧！"

徐庶摇摇头说："真正的高人，只能诚心礼聘，不能言语召唤。如果主公想见他的话，应该亲自去才行，至于他肯不肯出山辅助主公，那就要看您的诚意和造化如何了。"

刘备一想，此言有理，他当即决定亲赴隆中礼聘诸葛亮。

刘备兴奋之至："听军师的，明日我就专程去拜请卧龙先生。"

刘备之所以求贤若渴，是有他深刻的政治原因的。在当时军阀割据势力中，刘备名声很大，实力却很小。刘备的远祖是西汉景帝刘启的儿子中山靖王刘胜。刘备虽身为这支皇族的后代，但家道早已没落，穷得靠卖草鞋、编草席过日子。

在镇压黄巾起义时，刘备结识了关羽、张飞等勇士，组织了一支军队。后来，刘备又同吕布、袁术、曹操等人争夺徐州。但是，由于他的力量太小，又缺乏得力的智谋之士辅佐，所以始终没有自己的地盘，一直被各派军阀追赶得东奔西逃，他先后依附于公孙瓒、陶谦、曹操和袁绍。袁绍被曹操打败后，他又南逃到荆州投靠刘表。刘表嫌他名气太大，对自己不利，便把他派到新野这个小地方，让他防备曹操南下。

刘备回顾十多年来节节失利的情况，逐步认识到，要改变被动挨打的局面，必须取得固定地盘，并招纳天下各方人才，唯有这样才能站稳脚跟，有所发展。

三顾茅庐

徐庶在庆功宴上推荐诸葛亮后，急忙写了一封详尽的信，派人连夜送往隆中。

刘备尝到了启用人才的甜头，求贤的心情更迫切了。第二天一早就

带上他桃园三结义的兄弟关羽和张飞骑马离开新野，往隆中山而来。

刘备转了几个弯子进入隆中山以后，就听一个农夫在田中唱道："苍天如圆盖，陆地如棋盘。世人黑白分，往来争荣辱。荣者自安安，辱者定碌碌。南阳有隐居，高眠卧不足！"

刘备上前问那农夫，此歌是谁所作？农夫说是"卧龙先生"。刘备对"卧龙先生"更感好奇，马上问明地址，策马来到诸葛亮隐居的草庐。刘备亲自叩动门环。许久，才有人来开门，是诸葛亮的书童诸葛子青。刘备温和地问道："我是刘备，特来拜见'卧龙先生'。"

子青道："'卧龙先生'一早就出去了。"

刘备忙问："先生到何处去了？"

子青回答说："行踪不定，不知何处去了。"

刘备问："什么时候回来？"

子青道："归期也不定。"

刘备听这么一说，深感惆怅，想等上一会儿，关羽、张飞则劝他先回去。刘备只得上马下山。行了几里路，三人勒马回望隆中景物，真是"山不高而秀雅，水不深而澄清，地不广而平缓，林不大而茂盛"，确实是一个藏龙卧虎之地。这时，他们忽然看见一个身穿帛布袍、头戴道遥巾，气宇不凡的人拄杖迎面而来。刘备心想："看样子一定便是卧龙先生。"便忙上前施礼道："先生可是'卧龙先生'吗？"

那人问道："将军是谁？"

刘备毕恭毕敬地说："我是刘备，专程从新野来拜见'卧龙先生'。"

那人听罢，施礼道："我是'卧龙先生'的朋友崔州平。"

刘备忙抱拳道："久闻大名，幸得相遇！先生能否席地而坐，我想请教一言。"

崔州平坐下后问道："将军有何事非要见'卧龙先生'？"

刘备说："如今天下大乱，百姓受苦，我想向'卧龙先生'求教治国安邦的大计。"

崔州平一听，哈哈大笑起来："天下大势，分久必合，合久必分，这是天意，人岂有回天之术。谈何容易！"

刘备还想说什么，崔州平起身道："山野村夫，枉谈天下之事。"

刘备忙道："但不知'卧龙先生'往何处去了？"

崔州平说："我也正想访他，不知往何处去寻。他日再见吧。"说罢，扬长而去。

刘备一行走后，诸葛亮与几位好友回到草庐碰头，听子青和崔州平详细叙述了对刘备三人的印象，认为他宽厚、平易、仁德、谦恭。诸葛亮拿定主意，决定出山辅助刘备。他的决定得到了家人的一致赞成。

秋去冬来，天冷了。徐庶一面加紧练兵，一面让刘备招兵买马，并根据诸葛亮天下三分的理论，极力劝刘备早日夺取荆州。可刘备总是因同刘表是兄弟、不愿忘恩负义而下不了决心。这时，刘备接到探报，说"卧龙先生"已回隆中，他忙唤来二弟关羽和三弟张飞，出发再上隆中。

没走多远，下起了大雪，天变得冷极了。张飞使劲搓着手，嚷嚷道："大哥，天寒地冻的，连仗都打不成，还有必要跑这么远去见一个没有用的人吗？不如回新野避避风雪吧！"

刘备耐心地开导张飞说："三弟，大丈夫死都不怕，还怕风雪吗？我们冒雪前往，正好能让卧龙先生知道我的诚意。"兄弟三人进了隆中山，听见路旁酒店中有人击桌而歌，刘备以为是卧龙，便下马入店，探知店中歌唱二人原来是卧龙之友石广元和孟公威。刘备于是出来上马，直奔卧龙冈，来到茅庐前。

诸葛子青开了门。刘备问："先生今日在庄上吗？"

子青道："正在堂上读书。"

刘备大喜，便跟着子青走了进去。到了中门，只见门上大书一副对联："淡泊以明志，宁静而致远。"刘备环顾四周，见堂上一位少年正拥炉抱膝歌吟。刘备待他吟完，才跨进屋施礼道："备久慕卧龙先生大名，早想与先生相见，只恨没有机会。前时我已拜访过一次，可惜没遇到先生。今日特冒风雪至此，见到先生，真是万分荣幸！"

那位少年一见，慌忙答礼道："将军，我是诸葛均，孔明乃是家兄。"

刘备便问："那'卧龙先生'今日在吗？"

诸葛钧说："昨天被崔州平不知请到何处去闲游了。将军还是坐坐喝杯茶吧。"

刘备叹口气道："我真是没有福气，两番不遇大贤。"

这时张飞在一旁忍不住道："先生既然又不在，还是请哥哥上马回去吧。"

刘备说要写几句话留给孔明。写罢，交与诸葛均，说他日再来，便拜辞出门回新野了。

兄弟三人离开茅庐正往前行走，忽见前面小桥上一人骑驴而来。刘备以为是卧龙归庐，连忙上前施礼。来人告知自己是孔明的岳父黄承彦。刘备忙上前施礼问道："您老可曾见到令婿？"

黄承彦道："怎么？他不在，我也是来看他的。"刘备只好辞别，失望地回新野去了。

对于刘备两次来访诸葛亮的事，庞德公、黄承彦和司马徽三位老先生都给予了很高的赞誉。诸葛亮也已下定决心出山，辅佐刘备重兴汉室，建功立业。黄承彦拿出一把羽扇赠给他，扇把正面写有"治国安邦"，背面书有"指挥若定"。黄老先生语重心长地叮嘱道："贤婿，你能做到这八个字，也就不负我们的一片苦心了。"

却说曹操在许昌，将徐庶的老母囚禁起来，又模仿徐母的笔迹写了一封劝降信，令人带到新野捎给徐庶，信中说，如果徐庶不到许昌去，他的母亲就活不了了。为尽孝道，徐庶挥泪辞别了刘备。到许昌见到老母，徐庶方知中了曹操的计。自古忠孝难以两全，老母不愿儿子为了她而弃明投暗，上吊自缢了。徐庶将母亲葬在许昌南原，凡是曹操所赐之物，他一概不予接受，并发誓，身在曹营，不进一言，不献一计。

徐庶走后，刘备请诸葛亮出山的心情就更迫切了。时光如梭，转眼冬去春来。刘备选择吉日，斋戒三天，沐浴更衣，准备再往隆中拜谒诸葛亮。

关羽不高兴地说："哥哥已经两次亲自拜访他，礼节已经过分了。我看他是徒有虚名才避而不见，哥哥何必被他迷惑呢？"

刘备不以为然地说："古时候，齐桓公去看一个贤士，跑了五趟才得见一面。我如今不但没有齐桓公的地位，而且连个立足之地都没有，还摆什么架子呢？我之所以一而再，再而三地拜访他，是因为他是位大贤。"

张飞生气地说："一个山野村夫，算得上什么大贤？用不着哥哥亲自出马，待我用一根绳子将他绑来就是。"

刘备生气地训斥张飞，说："这次你别去了，我与云长去。"

二人没办法，只得依了刘备。

三人骑马带领随从来到隆中，离草庐半里之外，正遇上诸葛钧。刘备连忙施礼问道："令兄今日在吗？"

诸葛均说："昨天晚上才回来。将军今天可与他见面了。"说完，飘然而去。

三人便来到庄上叫门。诸葛子青来开门。刘备道："有劳仙童转报，刘备专程来拜见先生。"

子青道："先生今日虽在家，但此时还在草堂里睡觉未起身。"

刘备道："既然是这样，就暂且先不要通报。"

于是吩咐关、张二人在门口等着。

刘备慢慢走进去，只见诸葛亮正仰卧在草堂床席之上酣睡，他便站在阶下等候。可等了半天，诸葛亮也没有醒。关、张二人在外等得不耐烦了，便走进来一看，刘备还站在那里。张飞来了怒气，对关云长说："这个人如此傲慢无礼，我要到屋后去放一把火，看他起不起来！"云长忙使劲劝住。刘备命他二人出去等候。再往草堂上望时，见诸葛亮翻了个身，好像要起来，却是又朝里面壁睡去了。子青这时想去叫醒他，刘备忙拦住道："且勿惊动。"

又立了一个时辰，诸葛亮终于醒了，口中吟道："大梦谁先觉？平生我自知。草堂春睡足，窗外日迟迟。"

诸葛亮吟罢，翻身问子青："有客人来吗？"子青回道："刘皇叔在此立候多时了。"

诸葛亮一听，忙起身道："为何不早告诉我？请等我换换衣服。"便转入后堂去了，半天才出来迎客。刘备这时见诸葛亮，身长八尺，面如冠玉，头戴纶巾，身披鹤氅，飘飘然有神仙之气，不由得心折不已，当即上前施礼。

五丈原诸葛亮庙，位于陕西岐山

这一年，是建安十二年（207年），27岁的诸葛亮和47岁的刘备第一次见了面。

以上"三顾茅庐"的情节是根据《三国演义》和民间传说整理而成，历史上对这一事件的描述仅"凡三顾"几个字而已，具体情形已无从得知。但有一点可以肯定，刘备与诸葛亮相见的这一天，是他们携手共同创业的开始。

隆中献策

诸葛亮对刘备几次避而不见，已经试出刘备确实是一个宽厚大度的政治家，对今后的合作也充满了信心。在他的茅庐里，他与刘备纵论天下大势，为刘备指明了今后发展的道路。这就是著名的"隆中对"。

诸葛亮说："自从董卓乱政以来，豪杰并起，雄踞一方，势力跨州连郡者亦不可胜数。先说北方的曹操，他和袁绍相比，名望低微，势单力薄。但他最后却能战胜袁绍，由弱变强，这不仅是由于客观形势有利于他，也是他主观努力的结果。如今，曹操已经拥有百万兵众，又有挟天子以令诸侯的政治优势，此时与他争雄显然是不明智的。"

他见刘备边听边赞许地点头，又继续说道："孙权占据江东，已经经历了孙坚、孙策、孙权三世雄主。那里地势险要，民众归附，贤能之人尽展其才，因此，只可与他联合而不能谋取他。"

刘备听到这里，不禁想到："我们的立足之地在哪儿呢？"

诸葛亮似乎看出了他的心思，接着说："荆州这个地方，北有汉水、沔水，南可达于南海，东可连接吴会，西则通往巴蜀。这是一个战略要地，而它的主人刘表却没有能力将其守住。这恐怕是天赐给您的宝地，不知将军对它有意没有？还有益州这个地方，地理险要，沃野千里，乃是天府之国。当初汉高祖刘邦就靠这里成就帝业。如今它的主人刘璋昏庸无能，又有张鲁在北边与他分庭抗礼。那里民多地富而刘璋却不知道如何治理，以使百姓安居乐业，因此，那里有眼光有才能的人都希望得到一个明主。"

诸葛亮这段分析就是告诉刘备，欲求发展，兴复汉室，荆州、益州是必先占领的根据地。最后，诸葛亮完整地总结了他为刘备设计的统一天下路线。他说："将军既是皇室的后代，信义又传遍天下，广泛地罗致英雄，渴求贤才，如果能占有荆、益二州，守住险要的地方，同西方的戎族建立友好的关系，对南方的夷越族采取安抚的方针，对外与孙权结好，对内修明政治，天下形势一有变化，就可遣派一位上将率领荆州的军队向宛城、洛阳一线出击，将军亲自率领益州的大军出师秦川，到那时老百姓谁能不篮里装着食物、壶里装着美酒来欢迎您呢？如果能够这样，那么统一全国的大业就可以成功了，衰颓的汉朝也就可以复兴了。"

刘备听了诸葛亮对形势如此透彻的分析，不断点头称是。

诸葛亮分析完天下大势，叫童子拿出一幅地图，挂在堂屋中间，指给刘备说："北边有曹操，南边有孙权，将军可以先拿下荆州，作为自己的立脚点，再扩展益州做基础，这就可以形成三国鼎立的局面，将来再谋取统一天下。"

刘备听到这里，连忙起身拜谢说："先生说的话，好像使我拨开了天空的乌云，看到青天一样。但是荆州刘表、益州刘璋，都是同姓亲属，皇室后代，我怎能争夺他们的地方呢？"

诸葛亮说："刘表年老力衰，不久就要去世；刘璋软弱无能，守不住祖业。这些疆土日后一定会属于将军您。"

刘备听诸葛亮这么一讲，马上拜倒在地，请求他出山帮助。诸葛亮没有答应。刘备哭着说："先生如果不肯相助，对百姓也说不过去。"说着，眼泪已流湿了衣裳。诸葛亮看他这样诚心，只好答应出山。刘备非常高兴，连忙招呼站在门外的关羽和张飞，进来拜见诸葛亮，并献上金银绸缎等礼物。诸葛亮坚决不肯收下，刘备再三解释说："这不是聘礼，只是表达我的一番心意。"诸葛亮这才勉强收了下来。

刘备等人当晚在草屋里住了一宿。第二天，诸葛均回家，诸葛亮关照说："刘皇叔三次拜访，我不能不去帮助。你仍在家里耕田种地，不要让田地荒芜。等我事情办成，马上就回来隐居。"

刘备等向诸葛均告别以后，便和诸葛亮一起回到新野。从此，刘备和诸葛亮两人相处非常亲密，经常一道吃饭，一道议论天下大事。

刘备三顾茅庐，终于如愿以偿了。

第三章

联吴抗曹

诸葛亮劝刘琦去镇守江夏。出此计策，一方面是解刘琦之危，另一方面也是为了刘备集团的利益。他知道，在刘表集团内，主张投降曹操的人不在少数。刘表体弱多病，万一荆州有变，刘备的抗曹将与当局的降曹相冲突，到那时，刘琦的江夏郡还可以作为一块立足的根据地。从这方面讲，刘表宗室内部的矛盾又和荆州内的主客矛盾相纠缠着。

荆州风雨

荆州北据汉沔，东连吴会，西通巴蜀，是兵家必争之地。东汉末年的荆州，下辖九个郡，相当于今天的湖北、湖南全部，甚至包括四川、江西、河南一部分。

刘备若得到荆州，就可以从荆州和益州夹击中原，实现"兴复汉室，还于旧都"的目标。孙权若得荆州，便可依长江天险，鼎足于江东，抗衡曹操，进而谋取天下。曹操若得荆州，便可雄踞江东上流，乘长江而下，吞灭孙吴，一统天下。

在中原混战的时候，荆州不是争夺的中心，暂时得到了安宁。但是建安八年（203年）以后，荆州的天空开始出现乌云。

官渡之战后，袁绍于建安七年忧愤而死。他有三个儿子：袁谭、袁熙、袁尚。袁绍生前对三个儿子做了安排：小儿子袁尚，因受后妻刘氏之宠，袁绍把他留在自己身边，打算让他继承自己的位置。长子袁谭，被派出去任为青州刺史。二子袁熙，被任为幽州刺史。外甥高干，被任为并州刺史。对于这样的安排，谋士沮授认为不妥，他谏劝说："世称万人逐兔，一人获之，贪者悉止，分定故也。谭长子，当为嗣，而斥使居外，祸其始此矣。"对沮授的劝告，袁绍并没听进去。袁绍死后，众人都认为袁谭身为长子，当继承袁绍的位置。袁谭自己也认为理当如此，赶回来继位。袁绍的老部下逢纪、审配、辛评、郭图分为两派，逢纪、审配不满于袁谭，辛评、郭图则依附于袁谭。逢纪、审配二人怕袁谭继位于己不利，便抢先假造袁绍遗书，拥立袁尚为嗣。待袁谭赶回，木已成舟，无法改变，便自称车骑将军，屯兵黎阳（治今河南浚县西

曹操像

南）。从此，兄弟二人矛盾加深。

袁谭、袁尚兄弟不和，给曹操北平冀州促成机会。建安七年九月，曹操出兵攻打袁谭。曹操大兵压境，反倒促成了二袁暂时的联合。袁尚率大兵援助袁谭，与曹军一直对峙到建安八年。这时，曹操的谋士郭嘉献计说："袁绍爱此二子，莫适立也。有郭图、逢纪为之谋臣，必交斗其间，还相离也。急之则相持，缓之而后争心生。不如南向荆州若征刘表者，以待其变；变成而后击之，可一举定也。"曹操接受了郭嘉的建议，撤兵回许昌。

建安八年八月，曹操南征荆州，屯军于西平（今河南西平）。

北面曹操虎视眈眈地盯着荆州，东面的孙权已经对荆州采取了行动。

建安五年，孙策第二次攻伐黄祖，实际上是向荆州拓展势力。孙权继位掌管江东，张昭、周瑜等人认为孙权是可成大事之人，委心而服事之。孙权待张昭以师傅之礼，又命周瑜、程普、吕范等人为将帅，"招延俊秀，聘求名士，鲁肃、诸葛瑾等始为宾客"。鲁肃初见孙权，即建议他"剿除黄祖，进伐刘表，竟长江所极，据而有之，然后建号帝王以图天下"。孙权当时表示："今尽力一方，冀以辅汉耳，此言非所及也。"孙权虽然这样说，但并非不想占据荆州，只是觉得江东尚未巩固，进兵荆州是下一步的事。经过几年巩固江东的时间以后，孙权便开始实施鲁肃的建议。

建安八年，孙权出兵，西伐荆州夏口（今湖北武汉）守将黄祖。这一仗，大破黄祖水军，但还没有攻破夏口城，因后方山越反叛，孙权只好回军。

建安十二年，孙权再次西击黄祖，掳掠百姓而还。

建安十三年，黄祖下属甘宁投奔孙权，促使孙权下决心再一次大规模征伐黄祖。

这是孙权对黄祖的第三次进攻。

对于孙权的进攻，黄祖做了比较充分的准备。他在沔口设下两只蒙冲大舰，用两条粗大的棕榈绳各系一块巨石沉入江底。把两条大舰牢牢固定住。每条大船上放置千名弓弩手，乱箭齐发，飞矢如雨，犹如两扇紧闭的大门，使吴军不能通过沔口。吴国前锋大将董袭和凌统，各领百名敢死队员，每人身穿两层铠甲，乘大舸船冲进去，逼近蒙冲大舰。董袭挥刀接连砍断两条棕榈绳，使两条蒙冲大舰失去了根基。两条大船如大门离开枢轴，失去了防卫功能，吴国水军一下涌进来。黄祖忙令都督陈就率水军迎战，吴平北将军吕蒙一马当先，斩杀陈就。黄祖见大势已去，开门逃走，被骑士冯则赶上，一刀杀死。这一仗，孙权大获全胜，不但杀死了黄祖，还掳掠民众数万人。

北方的曹操、东面的孙权，都对荆州虎视眈眈，志在必得。

他们对荆州所采取的军事行动，虽未对荆州造成致命伤害，但分明让人感到了急风暴雨来临前夕的阵阵凉风。

那么荆州内部是什么情况呢？

荆州内部的危机，表现为三种矛盾：刘表家族内部的矛盾、刘表政权内抗曹派和降曹派的矛盾、荆州境内的主客矛盾。

刘表家族内部的矛盾，主要指他的两个儿子刘琮、刘琦争夺继承权问题的斗争。刘表政权内抗曹派和降曹派的矛盾，主要指刘表自保荆州的主张与其臣下投降曹操主张的分歧。荆州境内的主客矛盾，主要指刘表集团与客居荆州的刘备集团的矛盾。这三种矛盾并非彼此孤立，而是互相交叉，互相作用，缠绕在一起的。

先看刘表家族内部的矛盾。

刘表有两个儿子，长子刘琦，次子刘琮。开始，刘表很喜欢刘琦，不仅因为他是长子，而且因为他长得很像自己。但是，自从次子刘琮结婚以后，刘表爱子的天平渐渐地偏到了刘琮一边。原来，刘琮所娶之妻，是刘表后妻蔡氏的侄女。因为这层关系，蔡氏想让刘琮取代刘琦的位置。她多次对刘表说刘琦的坏话，还联合蔡瑁、张允等向刘表进谗言。这三个人都是荆州政权中举足轻重的人物。蔡氏是刘表的妻子，蔡瑁是刘表的妻弟，张允是刘表的外甥。他们三个人一齐讲刘琦不好，渐渐地，刘表竟真的以为刘琦不好了。蔡氏不喜欢刘琦，除了刘琮的关系外，恐怕还与刘琦的政治态度有关。蔡氏是属于亲曹派。蔡瑁年少时就和曹操关系很好。

而刘琦却不同，他作为刘表的长子、荆州未来的首领，是坚持父亲自保荆州方针的。刘琦非常器重诸葛亮，因为诸葛亮是坚决的反曹派，从刘琦与诸葛亮的关系，可以看出刘琦反对亲曹的政治态度。在这点上，刘表家族内部的矛盾又与荆州内抗曹和降曹派的矛盾相互纠缠着。

刘琦日益被刘表疏远，内心非常不安，便找诸葛亮请求自安之术。开始，诸葛亮只是搪塞应付，并未认真给他出主意。诸葛亮这样做，并不是对刘琦不负责任，而是认为对这件事的处理需谨慎。此时诸葛亮已经加入刘备集团，他认为，刘琦之事若处理不好，不但害了刘琦，而且会使刘备集团受到影响。他在琢磨着既不使荆州当局疑心，又能保证刘琦的安全，同时又对刘备集团有利的办法。

刘琦见诸葛亮迟迟不为自己出主意，心中暗暗着急。有一天，刘琦又邀请诸葛亮到他家去作客。诸葛亮知道刘琦又要向自己讨求安身的办法了。此时，诸葛亮已经想好了一条三全其美的办法，便接受了刘琦的邀请，来到他家。刘琦把诸葛亮带到后园，此地非常僻静，除了看园的家丁绝无他人。在后园内有一座小阁楼，二层楼上，刘琦早已摆好了一桌宴席。二人来到楼上，边饮边谈。突然，阁楼的梯子被刘琦的下人搬走，楼上只剩下刘琦、诸葛亮二人。诸葛亮忙问为何，刘琦说："是我让他们这样做的。现在我们上不着天，下不至地，旁无他人，言出您口，入于我耳，总该说说您的主意了吧？"诸葛亮微微一笑，说："主意倒是有，不过你先得听我讲一个故事。"刘琦忙说："我洗耳恭听。"

诸葛亮不慌不忙，讲起了春秋时发生在晋国的一段故事。

晋献公攻打骊戎时，娶了一个名叫骊姬的女人。在此之前，晋献公已经有了几个儿子：太子申生，公子重耳、夷吾。后来骊姬也生了个儿子，名叫奚齐。骊姬为了让奚齐被立为太子继承王位，便阴谋设计陷害申生和其他几位太子。有一天，骊姬对申生说："你的父亲梦到你的生母齐姜了，你得赶快祭祀她。"申生很孝顺，便回到自己的封地祭祀母亲。祭祀完毕，申生又把祭祀用的酒肉拿回来献给父王。此时，晋献公外出打猎未归，骊姬便把酒肉收下，代为送达。申生走后，骊姬却往酒里肉里都渗了毒药。晋献公回来后，骊姬假意献酒，故意让酒洒在地上，剧毒的酒掉在地上，立刻起了反应。骊姬假惺惺地说："酒里有毒，肉里也一定有问题。"便让狗吃了一块肉，狗也当场毙命。晋献公勃然大怒，下令逮捕太子申生。骊姬又添油加醋，说其他公子也参与了此阴谋。晋献公下令把重耳、夷吾也一起逮捕。有人劝申生向晋献公揭穿骊姬，或者逃出晋国，都被申生拒绝。最后申生自杀，而重耳等人却跑到国外，过起流亡生活。故事讲到这里，诸葛亮突然问刘琦："你知道为什么申生死了，而重耳却活下来了？"刘琦没有回答，他想听听诸葛亮的高见。诸葛亮见刘琦不答，便说道："君不见申生在内而危，重耳在外而安乎？"

刘琦恍然大悟，诸葛亮哪里是在讲故事，分明是在给自己出主意。他决意离开荆州，离开这权力斗争的中心。送走诸葛亮，他来到父亲刘表处，要求外出任职。正巧黄祖刚死不久，刘表便让刘琦担任江夏太守。不久，刘琦离开襄阳，到江夏任职去了。

诸葛亮为刘琦出此计策，一方面是解刘琦之危，另一方面也是为了刘备集团的利益。他知道，在刘表集团内，主张投降曹操的人不在少数。刘表体弱多病，万一荆州有变，刘备的抗曹主张将与当局的降曹主张相冲突，到那时，刘琦的江夏郡还可以作为一块立足的根据地。从这方面讲，刘表宗室内部的矛盾又和荆州内的主客矛盾相纠缠着。

荆州内部的第二个矛盾是抗曹派和降曹派的矛盾。刘表是不主张降曹的。他苦心经营荆州十九年，把它变成地方数千里，带甲十余万的小王国，可以说，这是他一生的心血，一生的成就。他怎能轻易拱手让人！早在曹操屯军西平，兵临荆州时，刘表就表示了他不轻易投降的态度。他认为曹操之所以兵临荆州，是由于袁尚、袁谭兄弟不合作抗曹，致使曹操无后顾之忧的缘故。所以，他分别写信给二袁，晓以利害，喻以大义，企图说服二人和好，与自己结成抗曹联盟。

刘表苦口婆心，与其说是在挽救二袁的昆仲之谊，不如说是在挽救荆州。他的目的是在自己抗御曹操的进攻时，能得到二袁的外线配合。

在刘表政权内，主张抗曹保荆的还有一些人。例如大将王威，在刘表已死，刘琮降曹，刘备败走之时，仍向刘琮建议说："曹操闻将军既降，刘备已走，必懈弛无备，轻行单进。若给威奇兵数千，徼之于险，操可获也。获操，即威震四海，非徒保守今日而已。"又如刘表大将文聘，在外据守汉川。刘琮降曹，令文聘与他同降，文聘拒绝说："聘不能全州，当待罪而已。"

然而，在刘表政权内，主张降曹的人也不少，而且他们中许多人都是举足轻重的人物。早在袁绍、曹操在官渡对峙时，刘表的从事中郎韩嵩、别驾刘先就对刘表说："夫以曹公之明哲，天下贤俊皆归之，其势必举袁绍，然后称兵以向江汉，恐将军不能御也。故为将军计者，不若举州以附曹公，曹公必重德将军，长享福祚，垂之后嗣，此万全之策也。"就连协助刘表开创荆州的蒯越，此时也劝刘表投降曹操。后来，刘表派韩嵩到曹操那里观察虚实。不料韩嵩回来后，盛称曹操威德，并劝刘表送儿子到曹操那里为人质，以表示对曹操的忠诚。对于韩嵩的过分举动，刘表勃然大怒，要把韩嵩杀掉。这时，刘表的夫人蔡氏出来讲情，她说："韩嵩，楚国之望也，且其言直，诛之无词。"其实，蔡氏为韩嵩讲情，恐怕不仅仅是因为他是"楚国之望"，更主要的是韩嵩对曹操的态度与她相同。

建安十三年，刘表病重，刘琦听说后，立即从江夏赶回来探视。蔡氏、蔡瑁、张允等人知道刘琦性慈孝，害怕他们父子相见后感动刘表，使刘表把后事托给他，便定计阻挠刘琦与其父见面。蔡瑁、张允在门外拦住刘琦，对他说："将军命你在江夏守住荆州东门，这是非常重要的任务。而你现在擅自离开重地回来，将军知道必怒责于你。惹父亲不高兴而加重他的疾病，恐怕不是孝敬的行为吧。"

刘琦无奈，只好流着泪返回江夏。这件事表明，荆州政权内的降曹派已牢牢地控制了政局。

荆州内部的第三种矛盾，是主人刘表集团与客居的刘备集团的矛盾。

刘备寓居荆州，是准备干一番事业的。他要兴复汉室，建立霸业，绝不会投降曹操。在不投降曹操这点上，刘表与刘备是一致的，他把刘备安置在新野，就是想利用他的力量抗击曹操。为了抗曹，刘表不但给刘备增兵，还不得不允许刘备在不影响荆州本土利益的情况下扩大自己的实力。据记载，诸葛亮曾劝刘备，在取得刘表的赞同下，可招集荆州的游民以扩充部众。

刘备初屯樊城时，有众不过数千，但当曹军攻下荆州，刘备从樊城撤离时，仅关羽所统的水军就有"精甲万人"。看来，刘备在樊城期间，军事实力确实是大大增强了。

刘表虽然没有阻止刘备扩军，但并不意味着对刘备持信任态度，恰恰相反，刘表对这个客居的同姓人是很不放心的，特别是当他看到荆州人士很多人都依附刘备时，对刘备的戒心就更大了。他把刘备从新野调到樊城，就是把他放到自己的眼皮底下，以便于监督和控制。后来，刘表病重，把刘备叫到病榻边说："我儿不才，而诸将零落，我死之后，卿便摄荆州。"刘表这番话并非他的本意。试想，他那么喜欢刘琮，不惜舍长立幼，又怎能甘心让一个外来者取代爱子呢？刘表的本意一是试探一下刘备有没有夺取荆州的野心，二是拉拢一下刘备的感情，让他好生辅佐自己的儿子。

如果说刘表与刘备的矛盾还处于隐蔽状态，那么刘表政权中降曹派与刘备集团的矛盾则尖锐到了剑拔弩张的程度。

刘备在樊城时，曾出席刘表举行的宴会。而刘表手下的蒯越、蔡瑁二人打算乘宴会杀掉刘备。刘备察觉后，假称去厕所，借机溜走。刘备所骑之马名曰"的卢"，由于走得匆忙，一不小心，连人带马陷入襄阳城西的檀溪里，情况十分危险。刘备急了，喊着他的马说："的卢，今天的安危全靠你的努力了。"说完猛一夹马肚子。那马似乎听懂了主人的话，猛地一跃，窜出三丈，带主人脱出险境。蒯越、蔡瑁是降曹派的首领，他们对刘备的仇视，恐怕不仅仅由于主客矛盾，当与刘备坚决抗曹的态度有碍于他们降曹有关。

山雨欲来风满楼，荆州已处于危险之中。

牛刀小试

建安十三年（208年）七月，曹操在平定了袁氏残余，解除了乌桓威胁之后，踏上了南下的征程。因为他知道，若不急取荆州，恐怕这块战略要地将落入他人之手。形势紧迫，时不我待。

曹操率领数十万大军下江南时，初到刘备军中的诸葛亮到底起了什么作用？由于史料记载有限，现在已难详尽知道，只能根据有关资料进行推测。

有一点可以肯定，诸葛亮受到了刘备充分的尊重。刘备对待诸葛亮，看作老师一般。关羽、张飞对此曾一度很不高兴，有一次还向刘备表示："孔明年纪轻，有什么才学？大哥待他太过分了，又没有见过他真实的本领如何。"

刘备说："我得到孔明，好像鱼得到水一样。两位贤弟不要再说这样的话。"

关、张两人听了，默不作声地走开。一天，有人送了牛尾毛过来，刘备闲来无事便用牛尾毛结帽。诸葛亮见了，严肃地指出："将军没有远大的理想，干干这些事情就算了吗？"

刘备非常感动，扔下帽子，道谢说："我只是借这个解解烦恼罢了！"自此，他专心于公务，放手让诸葛亮训练新兵，准备迎接未来的战争。

操练不久，忽然有人报告说："曹操手下大将夏侯惇带了十万人马，杀奔新野来了。"张飞听了便对关羽表示："可以叫孔明上去迎击敌人。"正在谈话之间，刘备召集他们进去谈话。刘备说："夏侯惇带兵到此，怎么迎敌？"张飞说："哥哥何不叫孔明去？"刘备说："定计要靠孔明，作战要靠二位贤弟，怎可推诿？"关、张出去以后，刘备请诸葛亮商议。诸葛亮说："恐怕关、张两人不肯听我号令，将军如要我指挥，请给我宝剑印信。"刘备照办了。

诸葛亮立即召集众将领听候指挥。张飞对关羽说："咱们暂时先听他的，看他有什么好办法能一举打退曹兵。"诸葛亮发布命令说："博望的左面有座豫山，右面有座安林，两处可以埋伏兵马。云长带五百人到豫山去埋伏，等曹兵来，先放他们过去，不要作战。曹兵的辎重粮草，必然放在大队人马后面。但看南边火起，就拦腰一击，劫他的粮草。翼德带一千人到安林背后的山谷中埋伏，只看南边火起，可以向博望城贮藏粮草处放起火来。关平、刘封可以带五百人，预备引火材料在博望坡后面两边等候，等到曹兵来时，就可以放火。"

诸葛亮接着又命令从樊城调回赵云，在阵前正面迎敌，不要赢，只管输。布置停当，又对刘备说："主公可带一队人马做后备。"最后，诸葛亮又严肃地对大家说："各位要按照命令做，不得有误。违令者斩。"关羽说："我们都出去迎敌，不知军师做什么事？"诸葛亮说："我在这里守着县城。"张飞大笑："我们都去上战场，你却在家里坐着，好舒服。"诸葛亮说："剑印在这里，不服从的斩。"刘备说："你们不曾听到过，运筹帷幄之中，决胜千里之外吗？二位贤弟不可违背命令。"张飞冷笑着走出营帐。

关羽说："我们且看他的计谋对不对，到那时再问他不迟。"其他大将都不了解诸葛亮的计谋到底如何，虽然听了命令，也都疑惑不定。诸葛亮对刘备说："主公今天可以带兵在博望山下驻扎。明天傍晚时候，敌军必然会到，主公可以抛弃营盘逃走，但见火起，就回头大杀一阵。我和糜竺、糜芳带五百人守住县城，关照孙乾、简雍准备酒席，摆好功劳簿，等候胜利会师。"诸葛亮初次用兵，究竟后果如何，连刘备也有些疑惑不定。

夏侯惇与于禁等带兵到了博望（坡），分了一半精锐兵力做先头部队，其余的都在后面保护粮车。那时正是秋天，吹着西风。人马正行间忽然看到前面灰尘扬起。夏侯惇便摆开队伍，问："这是什么地方？"向导官答道："前面是博望坡，后面是罗川口。"夏侯惇听罢便命令于禁、李典押住阵脚，亲自骑马到阵前来看。

远远看到对方人马部署，夏侯惇大笑不止。部下问道："将军为何发笑？"他说："我笑徐庶在丞相面前把诸葛亮夸得像神仙一般，今天看他用兵，正好比犬马与虎豹相斗。我在丞相面前夸口要活捉刘备、诸葛亮，今天一定会马到成功。"说完，立即纵马向前。

正好遇到大将赵云。双方一语不合，大战起来。赵云假装打不过夏侯惇，赶紧策马就走。夏侯惇见了，紧紧追赶。赵云走了十几里，回马又与夏侯惇对垒，战不了几个回合又走。韩浩拍马向前，向夏侯惇说："赵云诱敌，恐怕有埋伏。"夏侯惇说："敌军这副样子，虽有埋伏，我也不怕！"于是不听韩浩劝告，一直赶到博望坡。忽然一声炮响，刘备亲自带了人马，冲了过来，参加战斗。夏侯惇笑着对韩浩说："这就是埋伏的兵马，我今晚不杀到新野，决不收兵。"于是又催促部下向前追赶。刘备、赵云等人，仍是向后便走。

天色渐渐暗了下来。这时天空乌云密布，遮天蔽日，西风又起。夏侯惇只顾朝前追赶。于禁、李典赶到路狭的地方，见两边都是芦苇，觉得地势不对，连忙建议夏侯惇停止前进。夏侯惇正要下令，只听得背后喊声大震，早看到一片火光，两边芦苇都烧了起来。转眼之间，四面八方全都是火，又碰到风大，火烧得更猛。曹军人马，自相践踏，死伤不计其数。赵云又回头杀了过来，夏侯惇只好冒着烟火逃出。李典一看大事不妙，连忙奔回博望城，火光中被一支兵马拦住，带队的大将原来就是关羽。李典上前战了一阵，夺路冲出重围。于禁见到粮草车辆都被火烧，便奔小路逃跑。夏侯兰、韩浩来救粮草，正好遇到张飞。战不上几个回合，张飞一枪把夏侯兰刺到马下，韩浩好不容易才夺路走脱。一直杀到天亮，夏侯惇收拾了残兵败将，回到许昌去见曹操请罪。

战斗结束，关羽、张飞异口同声地表示："诸葛亮真是好军师。"走不了几里，看到糜竺、糜芳，带了兵马，簇拥着一辆小车，车上坐的正是诸葛亮。关羽、张飞见了，连忙下马拜倒在地。从此，关、张二人对诸葛亮心悦诚服。

火烧新野

诸葛亮回到新野，对刘备说："夏侯惇虽然败了，曹操一定会亲自带领大军前来。"刘备忙问："怎么办呢？"诸葛亮说："新野小县，不能久住。最近听说刘表病重，十分危险，不妨趁这个机会，拿下荆州做个安身之地，那就可以抵挡曹军。"刘备说："阁下说得很好，只是我受刘表厚恩，怎忍采用这般做法？"诸葛亮说："眼下如果不这样做，以后懊悔也来不及了。"刘备说："我宁死也不忍做忘恩负义的事。"诸葛亮说："既然如此，以后再商议吧。"

刘表在荆州确实病得很重，托人请刘备去谈后事。刘备带了关羽、张飞等人到了荆州。刘表对刘备说："我不中用了，死了以后，你如果认为我儿子没有才能，荆州可归贤弟所有。"刘备哭拜说："刘备一定竭力帮助贤侄，怎敢有其他举动。"正在说话之间，有人报告说："曹操亲率大批兵马杀奔新野而来。"刘备急忙辞别刘表，连夜赶回新野。

刘表在病中听到曹操出兵的消息，吃惊不小，忙找人商议草拟遗嘱，想要刘备帮助大儿子刘琦做荆州之主。刘表的后妻蔡夫人听了很恼火，立即吩咐关上内门，叫蔡瑁、张允二人把守外门。这时，刘琦在江夏知道父亲病重，来到荆州探望，刚到外门，被蔡瑁阻止了。刘琦站在门外，大哭一场，仍旧回到江夏。刘表的病愈来愈重，苦等刘琦不来，直到最后，大叫了几声死去。刘表死了以后，蔡夫人与蔡瑁、张允商议，写了假遗嘱，叫自己生的小儿子刘琮做了荆州之主。至此，姓蔡的一家，分别掌握了大权，教刘琮驻扎在襄阳，以防刘琦、刘备，甚至封锁消息，不向刘琦、刘备报丧。

第二章

联吴抗曹

刘琮到了襄阳，刚歇马，忽然有人报告说："曹操带兵朝襄阳杀来。"刘琮急忙召集部下商议。傅巽、蒯越、王粲三人都主张投降曹操。刘琮把这意见告诉母亲，蔡夫人也完全赞同。于是刘琮写好降书，叫宋忠暗地里往曹操军营投献。宋忠到了宛城，向曹操献了降书。曹操非常高兴，重赏了宋忠，要刘琮出城迎接。

宋忠离开曹营，正要渡江返回，路上却碰到了关羽。关羽详细地问了荆州情况。宋忠起初还想隐瞒，后来被关羽盘问不过，只得将真情如实说了出来。关羽听了大吃一惊，立即捉了宋忠到新野去见刘备。刘备听罢大哭一场。张飞说："事情已经这样，可以先斩了宋忠，随后起兵渡江，夺了襄阳，杀了蔡氏、刘琮，然后与曹操交战。"刘备说："你且住口，我自有主意。"于是，放走了宋忠。

刘备正在烦闷，忽然有人报告说刘琦派伊籍来到。刘备于是把宋忠所说告诉了伊籍。伊籍吃惊地说："既然如此，将军何不以吊丧为名，前往襄阳，引诱刘琮出来迎接，乘机捉拿，这样，荆州就属于将军所有。"诸葛亮说："这话很对，主公可以这样做。"刘备流下泪来说："刘表临死以前曾拜托我。现在如果捉拿他的儿子，夺取他的地方，实在辜负了他的重托。"诸葛亮说："如果不这样做，现在曹操大兵已经到了宛城，怎样去抵抗？"刘备说："不如到樊城躲避一下。"

正在商议的时候，有人报告说："曹兵已到了博望。"刘备急忙让伊籍回江夏整顿兵马，一面与诸葛亮商议抵御办法。诸葛亮说："主公且放心，前次一把火，烧了夏侯惇的大部分人马，这次曹军又来，再教他中一条计策。我们在新野住不得了，不如早点到樊城去。"于是贴出通告，希望百姓赶快一道去樊城暂时躲避。一方面派孙乾到河边调配船只，救济百姓；一方面召集将领们部署战斗。

诸葛亮先命关羽带一千人到白河上游埋伏，各人带布袋，装沙土，挡住白河的水，等到第二天三更以后，只要听到下游人喊马嘶，便放水来淹曹军，并带兵顺水杀奔下来。其次，又命张飞："带一千人到渡口埋伏，等曹军被淹以后，可以乘机杀来。"

然后，令赵云："带三千人，分做四队，自己带领一队埋伏在东门外，其余三队分别埋伏在西南北三边城门外。先在城里的一些房屋上隐藏一些硫黄作为引火材料，等曹兵入城以后，第二天黄昏时看到风起，就命令西、南、北三边城外的伏兵用火箭射进城来。等待城里烧得厉害时，就在城外呐喊助威，只留东门放行，你可以在东门外从后面杀去。天亮以后，再会合关、张两将军，收兵回樊城。"

接着，诸葛亮又对糜芳、刘封两人布置说："带两千人，一半红旗，一半青旗，在新野城外三十里的鹊尾坡前驻扎。一看到曹兵来到，红旗军走在左面，青旗军走在右面。对方心疑，一定不敢追赶，你们两批人可以分头埋伏。只看城里火起，就可以追杀败兵，然后再到白河上游接应。"诸葛亮分派完毕，同刘备登高瞭望，等候前线的胜利消息。

曹仁、曹洪带了十万人马做先头部队，最前面有许褚带三千铁甲军开路，浩浩荡荡，杀奔新野而来。中午，到达鹊尾坡，看到坡前一批人马，打着青、红旗号。许褚指挥部下向前，忽然青、红旗分左右两边走开。许褚勒住马，怕前面有埋伏，关照部下停止前进，自己赶到曹仁面前去报告。曹仁说："这是疑兵，一定没有埋伏。"许褚又回到坡前，叫大家前进，在树林里追赶了一阵，却看不到一个人影。

这时太阳已经西下，许褚正要前进，只听得山上大吹大擂，抬头一看，只见山顶上一簇旗子，旗子下面有两把伞，伞下左面坐着刘备，右面坐着诸葛亮，两人正在面对面吃酒。许褚见了十分恼火，立即寻找道路上山，此时山上却把檑木炮石打将下来。这时候天色已经很晚，曹仁的兵马赶到以后，下令先夺下新野城歇马。军士们赶到城下，只见四面城门大开，曹兵跑了进去，并无阻挡，城里也找不到一个人影，原来新野竟然是一座空城。

曹兵进城以后，又倦又饿，都去争夺房子烧饭。曹仁、曹洪就在县衙门里歇息。初更以后，刮起大风，守门的军士飞报火起。曹仁说："这一定是烧饭不小心……"话还没说完，就接到接连几次的报告，说西、南、北三面都有火起。等到曹仁急忙叫大家上马出城时，满城里都起了火，上下一片通红。曹仁带了部下冒着烟火，寻找道路奔走。听说东门没火，急忙奔出东门。军士自相践踏，死了不知多少。

曹仁刚脱离火的包围，背后又是一片喊声，却是赵云紧追过来，曹仁哪敢恋战，只顾逃命。正在奔走，糜芳又带着一支人马赶到，冲杀了一阵。曹仁正要夺路逃走，又被刘封带领人马杀了一阵。到四更天的时候，曹军人马都奔走得十分疲倦，军士大多数烧得焦头烂额，奔到白河边，看到河水不深，都想下河温水洗身。一时人喊马嘶，乱成一团。

关羽在白河上流听到下方人喊马嘶，急忙教军士放水，滔滔水势，直往下流冲来。曹军人马都淹在水里，死去很多。曹仁只得带了部下向水势缓慢的地方逃走。走到博陵渡口，又听到一片喊声，一支兵马拦住了去路，当头的大将便是张飞。杀了一阵，曹军大败。这时，刘备、诸葛亮又一同沿河来到上流。这时刘封、糜芳已按照原定部署，安排好船只在河边等候。于是，众将士胜利会师，一齐渡河，向樊城进发。

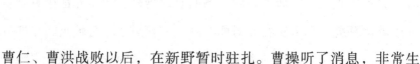

败走江夏

曹仁、曹洪战败以后，在新野暂时驻扎。曹操听了消息，非常生气。他亲自带了兵马，漫山遍野，向新野赶来。传令军士们一面搜山，一面填塞白河；然后分成八路大军，一齐围攻樊城，并委派徐庶去樊城劝说刘备投降。徐庶到了樊城，刘备、诸葛亮盛情接待，一起畅叙旧时的情谊。

徐庶说："曹操叫我来劝你们投降，是假的。今天他分兵八路，填白河前进，樊城恐不守，应该早些想出对策。"刘备要徐庶留下。徐庶说："如果不去，恐惹人笑。现在老母已死，我虽身在曹操那边，发誓不给他想一个计谋。你有诸葛亮帮助，还愁什么？"徐庶坚决要走，刘备不便强留。徐庶来到曹营，禀告曹操刘备并无投降意思。曹操听了立即命令部下赶快进兵。

刘备在樊城问诸葛亮有什么对策，诸葛亮说："可以赶快放弃樊城，到襄阳暂歇。"于是又把撤退的消息通告百姓，樊城、新野两县百姓扶老携幼，都跟着渡河。到了襄阳东门，刘备在马上大叫说："刘琮贤侄，我只想救百姓，并无其他意图，赶快打开城门。"刘琮听说刘备到了，害怕得不敢出面。蔡瑁、张允在城楼上叫军士用乱箭射下，城外百姓，都望着城楼大哭。

刘备说："我本想保护百姓，反而害了他们。如今我不愿再回襄阳。"诸葛亮说："江陵是荆州的重要地方，不如先拿下再说。"刘备等又带着百姓奔向江陵。这时同行的军民有十多万人，大小车辆何止几千，挑担、背东西的人更不计其数。路上，有人报告说："曹操大军已驻扎在樊城，正派人准备船只，马上就要赶来。"

刘备部下大将们都说："江陵是重要地方，可以抵抗得住。但如今有几万老百姓相随，每天只能走十多里，这样不知何时才能到达江陵。倘若曹兵赶到了，怎能抵御？不如丢弃百姓，快走才好。"刘备哭着表示不肯丢弃，仍旧令部下慢慢前行。

诸葛亮说："追兵不久就到，可以派云长到江夏去求救于刘琦，教他起兵乘船在江陵会合。"刘备同意照办，又叫张飞率大队人马后面掩护，叫赵云保护刘备家人，其他的人都去照顾百姓。这样，每天仍只走十多里便住下停歇。

过了几天，诸葛亮说："云长往江夏好久，怎么没有回音，不知道什么原因。"刘备说："只有麻烦军师亲自跑一趟，事情才会成功。"诸葛亮表示同意，便和刘封带了五百人到江夏求救。刘备则与简雍、糜竺、糜芳同行。到了当阳县，刘备下令军民在景山驻扎。

这时正是秋末冬初，凉风透骨，黄昏时候，只听见遍地哭声。到四更天时分，西北角一片喊声，原来是曹兵追到。刘备赶忙上马带精兵两千多人抵御。曹军人多势众，怎能抵挡得住。正在危急时，张飞带了一支人马，杀开一条血路，救出刘备。一直跑到天亮，喊声渐渐远了，才歇下马来。刘备看看左右随行人员，只有一百多人，众百姓、家小和大将们都不知下落。

曹兵见对方狼狈逃跑，正加紧追赶，忽然山坡后面一队人马飞出，有人大叫："我在这里等候多时了。"原来是关羽去江夏借到一万兵马，打听到曹兵去路，特地从这里杀出。曹操一见关羽，立刻勒住马对部下说："又中诸葛亮的计了。"立即下令叫大军赶快回头。

关羽追赶了十多里，回过来又保护刘备到汉津上船。船行了一会儿，忽听战鼓齐响，大队船只顺风而来。刘备大吃一惊，等船靠近，只见有人立在船头大叫"叔父"。刘备仔细一看，原来是刘琦，方才定下心来。刘琦跨过船来，正与刘备谈话。忽然西南面又有战船一字儿摆开，也朝这边飞来。刘琦吃惊地说："江夏的兵，小侄已全部调到这里。现在又有战船拦路，不是曹操的，便是江东的，如今怎么办？"

刘备仔细观察，只见诸葛亮坐在对面的船头上，背后站着孙乾。刘备连忙请诸葛亮跨过船来。诸葛亮说："我到了江夏，便先叫云长在汉津上陆接你。我料定曹操会来追赶，主公必定斜取汉津，所以特请刘琦公子先来接应，我就到夏口，调那边兵马前来帮助。"

刘备很高兴，于是合兵在一起，商议破曹的办法。诸葛亮说："夏口这地方很险要，可以守得住，请主公到夏口驻扎。公子可以回江夏，整顿战船，收拾兵器，以便抵挡曹操。"

刘琦说："军师说得很对。但我想请叔父暂时去江夏，整顿好兵马，再到夏口不迟。"刘备表示："贤侄的话也对。"于是留下关羽带五千人守住夏口。刘备、诸葛亮、刘琦一齐往江夏进发。

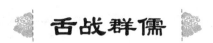

舌战群儒

诸葛亮随刘备败走夏口，刘备几乎没有安身之地。这时，曹操已经攻打至襄阳，志在江东。

刘备与诸葛亮、刘琦在一起商议，诸葛亮说："曹操势力太大，一时难以抵抗。我们不如结盟东吴孙权，以作为外应援助，造成南北相峙，我们可从中得利。"刘备担心地说："江东人物那么多，必有远谋，能容咱们吗？"

诸葛亮道："如今曹操带领百万之师，大军已压至江汉，江东肯定会派人来打探我们的虚实。到时，我将出使江东，促成两家联合，共拒曹操。"

且说荆州牧刘表去世，东吴派鲁肃前来吊丧。诸葛亮听说鲁肃来了，笑说："大事可成了。"便对刘备道："不可让他看出我们的计谋，主公只装作不知。"

却说鲁肃见过刘备，对诸葛亮说："我一向敬慕先生的才德，今日相见，三生有幸！孙将军虎踞六郡，兵精粮足，又极其敬贤礼士，江东英雄有很多归附于他。如今从你们这方面考虑，不如派一个心腹之人到江东去结盟，共图大计。先生的兄长在江东，每日盼望能与先生相见。鲁肃不才，愿与先生同去拜见孙将军，共同商议拒曹大事。"

刘备装作不同意，说："孔明乃是我的军师，一刻也不能离开，怎么可以让他到江东去呢？"诸葛亮便道："事关紧急，请奉命一行。"

刘备这才答应。鲁肃于是和诸葛亮一起，登船往柴桑而去。

鲁肃回报孙权，孙权安排第二天召集文武于帐下，请卧龙先生来，升堂议事。

第二天，鲁肃到驿馆接诸葛亮来至孙权大帐中。诸葛亮只见张昭、顾雍等一班二十多位文官，峨冠博带，整衣端坐。孔明一一见礼，之后在客位上落座。张昭等人看到诸葛亮丰神飘洒，器宇轩昂，料他一定是来游说的。张昭便率先开口试问孔明道："我张昭乃是江东的小人物，早就听说先生高卧隆中，自比管仲、乐毅，有这样的事吗？"

诸葛亮回答道："这只不过是亮平生的一个小可之比。"

张昭道："新近听说刘备刘豫州三顾先生于草庐之中，幸得先生，以为'如鱼得水'，因而欲席卷荆襄。如今荆襄却归属了曹操，不知你们是何用意啊？"

诸葛亮暗想：张昭乃是孙权手下的第一谋士，若不先难倒他，如何说服得了孙权？于是答道："在我看来，我主取汉上之地易如反掌。我主刘备谦卑仁义，不忍去夺同宗兄弟的基业，因此将荆州推让掉了。刘琮是个小孩子，听任佞言，私自投降，致使曹操猖獗。如今我主屯兵江夏，是另有良图，这可不是等闲之辈所能理解的。"

张昭道："如果是这样，先生可就自相矛盾了。先生自比管仲、乐毅，管仲辅佐桓公称霸诸侯，一统天下；乐毅扶持微弱的燕国，拿下齐国七十多个城池。这两个人，可都是济世之才啊！而先生只会在草庐之中笑傲风月、抱膝危坐。如今既然事从刘备，就该为百姓谋利益，除害灭贼。然而刘备在未得先生之时，尚能够纵横天下，割城据地；如今得了先生，人们更加仰望，就连三岁的幼童都说刘备是如虎添翼，不久汉室兴旺，曹操可灭了。朝野上下无不拭目以待，对先生抱着极大希望。

可为何自从先生跟了刘备，曹兵一来，你们就丢盔卸甲，望风而窜，弃新野，走樊城，败当阳，奔夏口，无容身之地。如此辜负了刘表遗愿，令天下百姓大失所望。那刘豫州自从有了先生，为何反倒不如当初了呢？管仲、乐毅难道就是这样的吗？我的话愚鲁直率，请先生不要见怪！"

诸葛亮听罢，无声地笑了笑，说道："大鹏展翅飞万里，它的志向难道是那些小燕雀能认识的吗？比如一个人得了多年的痼疾，应当先给他喝点稀粥，同药一起服下。等到他肺腑调和、形体慢慢养得安稳些了，再用肉食补养，加上效力强的药治疗，这样病根才能除尽，人得以全面康复。如果不等病人气脉缓和，就给他吃烈药和味道厚重的食物，想要求得平安，那不是妄想吗？

我主刘备，以前兵败于汝南，寄靠在刘表门下，兵不到一千，将只关、张、赵云，正像是到了病重危急的时刻。新野小县地僻人稀粮又少，不过是暂时借以安身，怎可能长久坐守在那里呢？但就是在这样的处境条件下，却能够火烧博望，水淹曹军，令夏侯惇等人心惊胆寒。依我看来，就是管仲、乐毅用兵，也不过如此吧。至于刘琮投降曹操，我主当时根本不知，且又不忍心乘乱夺取同宗之业；当阳之败，我主不忍丢下百姓，几十万人扶老携幼相随渡江，每日与民一同颠簸十余里路而放弃去取江陵，真是大仁大义啊！

寡不敌众，胜负乃是兵家常事。昔日汉高祖刘邦多次败给项羽，然而垓下一战却取得了决定性胜利，难道不是因为韩信为他出了良谋吗？因此说，国家大事，天下安危，要靠谋划。那些夸夸其谈、善于巧辩之徒，靠虚荣之气压人；尽管能够坐着议论、站着高谈，可是到了关键时刻应付各种形势变化，却什么都不行了。这才真正是叫天下耻笑！"孔明一番话，说得张昭没有一句话可以对答。

这时座中一人忽然高声问道："如今曹公屯兵百万，战将千员，虎视眈眈要踏平、吞食江夏，先生认为该怎么办呢？"

联吴抗曹

诸葛亮望去，乃是虞翻。诸葛亮道："曹操收并了袁绍蚁聚之兵，劫刘表乌合之众，虽然百万之军，也没什么可怕。"

虞翻一听冷笑道："你们军败于当阳，计穷于夏口，如今求救于人，还说'不怕'，这可真是大言不惭啊！"

诸葛亮道："我主不会只靠几千仁义之师，去抵抗百万残暴之众。退守夏口是为了等待更好的时机。而如今，你们江东兵精粮足，且凭借有长江之天险，有的人却还想要其主屈膝投降曹贼，而竟不顾天下人的耻笑。从这一点来看，我主难道是怕曹操的吗？"虞翻被说得哑口无言了。

座中又一人发问道："孔明先生难道想效法张仪和苏秦来游说我们东吴吗？"

诸葛亮一看，是步骘，回敬道："步子山先生以为张仪、苏秦是辩士，却大概还不知道他二人也是豪杰吧。苏秦佩挂六国相印，张仪两次为秦国宰相，都是匡扶国家的谋士，可不是那些畏强欺弱、怕刀怕枪的人所能比的。君等只听曹操虚发的假诈之词，就吓得想去投降，还竟好意思在这里笑话苏秦和张仪吗？"步骘也被问得说不出话了。

忽然，又有人问道："孔明认为曹操是个什么人呢？"

诸葛亮看那人，乃是薛综，答道："曹操乃是汉贼，这还用问吗？"

薛综道："先生说得不对。汉朝至今，天数眼看就要完了。如今曹公拥有三分之二天下，人都归心与他。刘备不识天时，强要与之抗争，正是好比以卵击石，怎能不败呢？"

诸葛亮这时厉声说道："薛敬文怎么能出此没有君臣父子、没有高低伦理之言呢？人生在天地之间，应以忠孝作为立身之本。薛公既然是汉臣，却有不臣之心，应当打消这些思想，才是为臣的正道。曹操的祖宗食汉禄，却不思报效汉室，反怀有篡权叛逆之心，让天下人憎恶。薛公却说天数归之曹操，真是无父无君、没有纲常的人！我没有必要同你

讲话，请不必多言了！"薛综满面羞惭，无话对答。

座上又有一人应声问道："曹操虽然挟天子以令诸侯，可毕竟也是相国曹参的后代。刘备虽自说是所谓中山靖王的苗裔，却没有考证，人们亲眼所见，他只不过是一个编草席卖草鞋的俗夫罢了，有什么资格来和曹操抗衡呢？"

诸葛亮看去，原来是陆绩。随之笑起来，道："曹操既然是曹相国的后代，就更证明他世代都为汉臣，而如今他却手握王权，肆意横行，欺君妄上，不仅是目无君主，而且是蔑视祖宗，不仅是汉室之乱臣，而且是曹氏之贼子。我主是堂堂正正的汉室之胄，当今皇帝依据世宗祖谱赐予他官爵，你凭什么说'无可查考'呢？况且高祖就是从区区亭长开始建业起身的，织席卖鞋又有什么可以为耻辱的呢？我看你真是小儿之见，怎能和高士一起理论！"陆绩不禁闭口塞舌。

席中又一人说道："孔明所言，都是强词夺理之谈，不必再说了。只请问孔明著有什么经典之论吗？"

诸葛亮看他，是严峻，说道："寻章摘句，是世上那些迂腐儒士的所为，哪能够依此兴国立事。古时候躬耕的莘伊尹，垂钓于渭水的姜子牙，还有张良、邓禹等名士高人，都没见他们有什么经典论著。难道你整天就只是效仿那些酸腐的书生，区区于笔砚之间，数黑论黄、舞文弄墨而已吗？"严峻垂头丧气地无以作答。

忽然一个人大声说道："诸葛公好说大话，未必有真才实学，恐怕到时恰恰要被文人学者所笑呢。"诸葛亮看那人，乃是程德枢，便回答道："文人学者有君子与小人之分。作为君子的文人，忠君爱国，坚守正义，憎恶邪佞，尽力为时代做出自己的贡献，美名传于后世。而作为小人的学者，只钻营雕虫小技，用心于文墨，年轻时作赋，人老了把经都念完。笔下即便有千言，胸中却没有一点实实在在的计策。就像扬雄那样，虽然以文章著称于世，却屈身于草莽强盗之手，走投无路最后跳楼而死。这就是所谓的小人之儒。即使他每天吟诗作赋上万言，可又有什么用呢！"程德枢也不能应对了。

智激孙权

诸葛亮为什么要出使江东？这是当时刘备同曹操抗争的政治、军事形势的客观需要决定的，也是诸葛亮在隆中时期早已为刘备确定的战略思想的一个组成部分。自从刘备不避风尘，三次去隆中请来了诸葛亮做助手以后，他们就开始了夺取荆州和"联孙拒曹"的活动。这两步棋，按照他们原来的想法，是先走第一步夺取荆州，再走第二步。只因曹操的迅速南下和刘表去世后刘琮的立即投降曹操，才迫使刘备与诸葛亮把原定的步骤颠倒过来，先联孙破曹，然后夺取荆州。

孙刘联合，共拒曹操，虽然是当时形势的必然产物，但是，在孙权集团内部，并不是没有阻力的。当时孙权的不少将领和谋士，在曹操号称八十万大军的巨大压力下，主张投降曹操。特别是从彭城南逃江东以避战乱的儒士张昭，坚决反对江东将领周瑜、鲁肃等人的拒曹计策，力劝孙权派使节迎接曹操的大军南下，并上表称臣，走刘表的儿子刘琮投降曹操的道路。这时的孙权，夹在主战和主降两派之间，犹豫不决，举棋未定。正当孙权左右为难、难于决断的时候，诸葛亮来到了柴桑。这样的客观形势，为诸葛亮使命的完成增加了困难，不仅要求他驳斥投降派的种种谬论，还需要他紧紧抓住孙权的矛盾心理，促使孙权在权衡战与和的天平上，给主战一方增加有分量的砝码，从而做出联合拒曹的决策。

机智勇敢的诸葛亮，舌战群儒，驳斥了投降派的观点。接下来，他的任务是说服孙权，打消他投降的念头，走孙吴联合抗曹的道路。

孙权，字仲谋，吴郡富春县人，他父亲孙坚，兄长孙策，曾经都是割据江东的军阀。

建安五年（200年）在孙策死后，孙权才继统江东之众。到建安十三年（208年）时，他二十七岁，成了实力仅次于曹操的一大势力集团。

当曹操占领了江陵，正准备顺江东下时，孙权正在柴桑（今江西九江）前线，观察战势。

他虽然派出鲁肃去联刘拒曹，可因为他的集团内部以老臣张昭为代表的一批人主张投降曹操，加上曹操又写信对他威逼利诱，使他在战与降的问题上，一时拿不定主意。

就在这时，鲁肃领着诸葛亮，来拜见孙权。诸葛亮对孙权的思想情况，和孙权的将领关于主战、主降两种主张的争论事先都有详细的了解。通过对这些情况的分析，诸葛亮认识到，要实现联吴拒曹的战略，关键在于以利害得失说服孙权，而要说服孙权，不能采取委曲求全的办法，要使孙权认识到联合拒曹是出于孙、刘两家的共同利益，并不是刘备向孙权片面地乞求援助。与此同时，又要解除孙权关于曹操兵多，担心打不过曹操的忧虑，促使他的思想向主战派方面转化。正是基于这样的调查研究和分析判断，诸葛亮采取了先激怒孙权，然后用以理服人的方法，同孙权开展了一场紧张、严肃而又机智灵活的论战。

诸葛亮一见孙权，就严词厉色地对他说："全国大乱的时候，您孙将军就据有了江东，我主也聚集了人力在江汉之南，都要同曹操争夺控制全国的权力。现在，曹操统一了北方，又攻破了荆州，声威震动了全国，我主虽然是个英雄，也没法同他交锋，只得退到夏口。孙将军面对这样的情况将怎样办呢？我劝您仔细思量，如果能用自己的力量打败曹操，就应该早日与他开战，如果打不过，就应该放下武器向曹操投降。现在孙将军表面表示愿意归顺曹操，而内心却又不甘心投降，在这样紧急的关头而不能迅速做出决断，大难马上就会到来的。"

诸葛亮的这席话，讲得十分有策略。首先，他把孙权、刘备与曹操并列，接着又故意渲染曹操的势力与声威，借以刺激孙权，最后，抓住孙权的矛盾心理，迫使他在非战即降之间迅速做出选择，并以要孙权投降曹操而激怒之。诸葛亮的激将法果然有效，话音刚落，孙权立即面带怒色地反问道："如果真像你所说的那样，那么刘豫州为什么不归顺曹操呢？"

诸葛亮见孙权有些不高兴，更看出了他并不想投降曹操的心情，于是进一步激怒孙权说："大家知道，古时候有个田横，他不过是齐国的一个壮士，尚且不接受投降的侮辱，何况我主刘豫州本是皇室的后裔，又是首屈一指的英雄人物，天下人仰慕他，像江河之水归于大海一样，他岂能接受投降曹操的耻辱呢！他同曹操是势不两立的，如果不能获得胜利，也不过是天意罢了，要他归顺曹操是万万办不到的。"

诸葛亮既假要孙权投降曹操，又故意抬高刘备，大讲刘备不能也不会投降曹操的原因和决心，并拿出田横来比喻，有意把孙权说得连田横都不如，自然更不能同刘备的坚决抗曹相比，想以此刺激孙权的自尊心。果然，孙权一听，勃然大怒，立即下定了抗击曹操的决心，厉声说："我不能把整个江东的地盘和十万之众的军队，拱手送给曹操，去接受他的控制。我决心已经下定了。但是，刘豫州虽有抗曹的决心，却力量很小，拿什么去同曹操对抗呢？"孙权的这席话，显然是驳斥诸葛亮对他的侮辱，因而表示他也同刘备一样有抗击曹操的决心，同时又讽刺刘备没有力量抗击曹操，表现出缺乏打败曹操的信心。

诸葛亮看到孙权出于自尊心的驱使而说出了要抗曹的决心，同时又察觉他的决心并不坚定。就用分析敌我力量对比的方法去消除孙权的顾虑和坚定他的决心。于是，诸葛亮从容不迫地说道："我主刘豫州虽然曾经被打败，但散失的战士正在陆续回来，加上关羽的水军，仍有一万多精锐部队。又有刘琦统辖的江夏战士，也将近万人。反之，曹操的军队，经过长途行军，已经很疲乏，加上北方人不习惯于水上作战；更何况，投降曹操的荆州军队，是出于被迫，并非真心投降。所以，曹操军队人数虽多，战斗力却不强。现在，孙将军如果能派出英勇善战的将领，带领几万军队，同我主刘豫州同心协力，是一定能够打败曹操的。曹操战败之后，必然向北撤军，这样一来，我主和孙将军的力量就强大了，三分鼎立的政治局面就形成了。成功与失败的关键，就在于今天能否做出联合拒曹的决策。"

诸葛亮的这番有理有据的分析，使孙权的怒气消失了，疑虑也解除了。他不仅认识到了联合抗曹的必要性，也看清了这种可能性，他情不自禁地喜形于色，立即决定同刘备联合抗击曹操，并命周瑜、鲁肃、程普等将领率水军三万，随同诸葛亮一起西上与刘备的军队会合。

计挫周瑜

孙权的大都督周瑜在鄱阳湖训练水师，听说诸葛亮来江东商议合兵抗曹的消息，急忙赶回柴桑。鲁肃与周瑜关系最为深厚，头一个去迎接他，把事情详细讲了。周瑜道："子敬不必烦恼，我自有主张。现在快去把孔明先生请来相见。"晚上，鲁肃带诸葛亮来拜见周瑜。鲁肃先对周瑜说："如今曹操带重兵南侵，是战是和，主公难断。将军的意思该怎么办呢？"

周瑜道："曹操借天子之名，不好与之对抗，况且势头又大，战必败，降则转危为安。我主意已定，来日面见主公，就劝他降曹。"

鲁肃一听惊愕地说道："君言差矣！江东基业已历经三代，怎可一日弃给他人呢？"

周瑜道："江东这么多百姓，一旦打起仗来，就要遭受战火之苦，那时必然把怨言归到我身上，因此不如不战。"

二人相互争辩，诸葛亮只在一旁冷笑。周瑜问道："先生为何发笑？"

诸葛亮说："我笑子敬太不识时务，真是跟我一样啊。将军想要降曹，既可保全妻儿老小，又可得以富贵。顺于天命，有什么不对呢？"

鲁肃大怒说道："你是想教我主屈膝受辱于国贼吗？"

诸葛亮接着说道："我有一计，可以不用向曹操上贡献印，也不必将军亲自渡江，只须派一个小使者，乘一只小船送两个人到江上。曹操只要得到这两个人，就可令百万之师退兵。而江东少这两个人，就只好比大树上掉下一片叶子，大谷仓里少了一粒米一样。但叫曹操得了去，他必定大喜而归。"

周瑜便问道："果然如此的话，那么这是怎样的两个人呢？"

诸葛亮说："我在隆中时，就听说曹操在漳河新造了一座铜雀台，极其壮丽，广选天下美女聚集于其中。曹操本是好色之徒，早听说江东乔公有二女，长女叫大乔，次女叫小乔，有沉鱼落雁之容、闭月羞花之貌。曹操曾发誓说：'我的志愿，一是扫平四海，建立霸业，二是得到江东二乔，放在铜雀台中，以乐我晚年。这样到死也没什么可遗憾的了。'如今曹操带百万之师欲图江南，其实就是为了这两个女子。将军何不去寻找乔公，以千金买此二女，派人送与曹操呢？曹操得到这两个女子，必心满意足，班师撤兵。这正是范蠡献西施之计，何不赶紧去办呢？"

周瑜道："曹操想得到这两个女子，有什么证明呢？"

诸葛亮道："曹操的四子曹植，字子建，下笔便成文。曹操曾命他作一首赋，名曰《铜雀台赋》，文中之意说他全家都能称王为帝，誓得二乔。"

周瑜问："这篇赋先生能背下来吗？"

第三章

诸葛亮道："我喜欢它文辞华美，曾记下来过。"

周瑜说："那就请先生试着背诵一下。"

诸葛亮当即吟诵起《铜雀台赋》，其中有这样一句道："立双台于左右兮，有玉龙与金凤。揽二乔于东南兮，乐朝夕之与共。"周瑜听罢，勃然大怒，站起身来用手指着北方道："老贼欺我太甚！"

诸葛亮忙站起来劝道："都督这又是何必呢？过去单于多次侵犯我国南疆，汉朝天子将昭君公主许给他和亲，眼下又何必顾惜两个民间女子？"

周瑜回答道："先生有所不知，这大乔乃是孙策将军的主妇，小乔便正是我的妻子啊！"

诸葛亮一听，装作并不知晓的样子急忙说道："亮实在不知，失口乱言，死罪！死罪！"

周瑜道："我与那老贼势不两立！来日入见主公，便商议起兵。"

诸葛亮道："若蒙不弃，我愿效犬马之劳，随时听候派遣。"

至此，孙刘联盟才真正建立起来，共同抵抗曹操。

民间流传着诸葛亮草船借箭的故事，并且被收入《三国演义》这部名著中。事实上，《三国演义》中许多故事仅仅是传说而已，未必是真实的历史记载。据史家考证，在曹操和刘备、孙权发生的战争中，诸葛亮由于刚到刘营未久，情况不熟悉，所发挥的作用是非常有限的。他并没有那么多光辉事迹。但是，小说家和普通百姓将那么多智慧累加在诸葛亮身上，足以说明他们对这位智者的喜爱之情，而且这些智慧是完全值得一看的，"草船借箭"即属此例。

据传说，周瑜嫉妒诸葛亮的才华，越来越感到此人不可留。若留此人，将来必是江东之大害，但若杀了诸葛亮，又怕遭曹操耻笑，于是便想方设法要寻机除掉他。一日，周瑜聚众将于帐下议事，问诸葛亮道："近几日就要同曹操交战了，水路交兵，应当先用什么兵器攻战？"

联吴抗曹

诸葛亮道："大江之上，应以弓箭为先。"

周瑜道："先生之言，甚合我意。但是军中正缺箭用，敢烦先生督造十万支箭，以作应敌之用。这是公事，请先生不要推却。"

诸葛亮道问："这十万支箭不知道都督什么时候用呢？"

周瑜道："十日之内，能办妥吗？"

诸葛亮道："曹操马上就要打过江来了，若等十天，必误大事。"

周瑜便问："先生料几日能造完？"

诸葛亮说："只要三天，就可交上这十万支箭。"

周瑜一惊，道："军中无戏言。"

诸葛亮笑笑说："愿立军令状，三天办不成，甘当受罚。来日造起，到第三天，都督可派五百人来江边搬箭。"

诸葛亮走后，鲁肃对周瑜说道："这个人莫非是在诈我们？"

周瑜摇摇头："他自己送死，并不是我逼他。你可去探他的虚实，然后来告诉我。"

鲁肃来见诸葛亮，诸葛亮道："子敬得借我二十只船，每船要军士三十人，船上全用青布作幔，每船用束草千余个，分立两边，我自有妙用。第三日包管有十万支箭。只是不能让公瑾知道，他若知道了，我的计策就会失败。"

鲁肃回报周瑜，果然不提借船之事，只说诸葛亮并不用箭竹、翎毛等物，自有道理。周瑜大惑不解道："看他三日后怎么交差！"

鲁肃将诸葛亮所需之物都备齐了，只等候调用。第一天不见诸葛亮动静，第二天亦然。直到第三日四更天时，诸葛亮将鲁肃秘密地请到自己船中，说："请先生同我一道去取箭。"便下令将二十只船用长长的绳索连接成一串，一直向北岸进发。

这天夜里大雾漫天，江上更是雾气重重，人在对面都看不清。诸葛亮督促船只前进，到五更时候，已接近曹操水寨。诸葛亮让把船头冲西，船尾在东，一字摆开，军士皆藏身于青布幔中，然后下令擂鼓呐喊。鲁肃大惊道："要是曹兵杀出来可如何是好？"

诸葛亮笑道："大雾锁江，我料他定不敢出战。我们只在这里饮酒取乐，等到雾散了就回去。"鲁肃一听哭笑不得，哪有心思饮酒，真是坐立不安。

却说曹操营寨中听得擂鼓呐喊，于禁等慌忙飞报曹操。操传令道："浓雾弥江，我军不可轻动，让弓箭手放箭！"然后又派人往旱寨里去叫张辽、徐晃各带弓箭军三千，火速赶到江边助战。

很快，约有一万多弓箭手往江中一齐放箭，箭如雨发，有的射落水中，有的扎在船边束草上。船因受箭而向一边慢慢倾斜。诸葛亮看看杯中之酒倾洒，便下令将船队调转，头东尾西，再靠近曹操水寨受箭，一面继续擂鼓呐喊。一直到太阳升起，雾气渐渐散开了，诸葛亮才下令收船立即返回。这时那二十只船两边的束草上都已扎满了箭枝。诸葛亮下令各船上的军士齐声高喊："谢曹丞相箭！"等到曹军寨中报知曹操时，这边船轻水急，早已放回去有二十多里了，哪里还追赶得上，曹操见之，懊悔不及。

诸葛亮回到船中对鲁肃说道："每只船上有五六千支箭，不费你江东半分之力，便得十万多支箭。明日就可用它来射曹军了，岂不是真方便吗？"鲁肃叹息道："先生真神人也！却如何知道今日有大雾弥江呢？"

诸葛亮答道："作为将帅，不通晓天文地理，不知奇门，不懂阴阳，不看阵图，不明兵势，那是庸才。亮在二天前已算准今日有大雾，所以才定下三日之限。公瑾让我十天办完，工匠、材料等都不应手，明摆着是想要杀我。而我命系于天，岂是公瑾所能加害的吗？"鲁肃拜服了。

船到岸时，周瑜已派五百军士在江边等候搬箭。诸葛亮教人到船上来取，共得十多万支，都搬到中军帐交纳。鲁肃来见周瑜，述说了诸葛亮草船借箭之事。周瑜大惊，慨然叹道：“诸葛亮神机妙算，我不如他啊！”

苦肉计

曹操自从失掉了十多万支箭，心里非常气闷，于是和部下商议，决定派蔡瑁的两个弟弟蔡中、蔡和假装向东吴投降，以便摸清东吴军队的内部情况。

周瑜正在部署进兵的事，忽然有人报告说：蔡和、蔡中前来投降。周瑜下令喊他们进来。两个人哭着说：“我哥哥没有罪过，被曹操杀了。我们两人要替哥哥报仇。希望将军能收留我们。”周瑜听了，装出十分高兴的样子，立即重赏他们两个。蔡中、蔡和拜谢了周瑜，以为他真的中计。周瑜暗中吩咐手下的大将甘宁说：“他们两个没有带家小来，不会是真的投降，想必是曹操派来的奸细。我现在将计就计，教他们通报个假的消息。你要好好招待他们，暗中提防。到了出兵的那天，先杀了他们祭旗。你要千万小心，不可误事。”

甘宁接受了命令刚刚走开。鲁肃进来说：“蔡中、蔡和来投降，多半是假的，不可以收留。”周瑜不以为然地表示：“曹操杀了他们的哥哥，要报仇才来投降，哪里会假？你如果这样多疑，哪能容得天下的英雄好汉。”鲁肃默默地告退了，跑去告诉诸葛亮。诸葛亮听了，只是笑了笑并不搭腔。鲁肃说：“你为什么要笑？”诸葛亮说：“我笑阁下不知道公瑾用的计策。大江隔得远，奸细极难往来。曹操叫蔡中、蔡和假意投降，偷听我军消息。公瑾将计就计，正如利用他们通报假情况，以迷惑对方。公瑾的计策很好。”鲁肃这才恍然大悟。

晚上周瑜坐在军帐里，忽然看到黄盖走了进来。周瑜说："你夜里来到，想必有好的计策要谈。"黄盖说："曹操的兵多，我们的兵少，不能长久地对峙下去，为什么不用火攻来取胜？"周瑜问："谁教你献这个计的？"黄盖说："是我自己想出，不是人教的。"周瑜说："我正是想这样做，才留下蔡中、蔡和这两个假投降的人，使他们去通报消息，只恨没有人替我也去假意投降曹操。"黄盖说："我愿意去。"周瑜说："不受些苦，曹操哪肯相信你？"黄盖表示："我愿意受苦。"周瑜说："你如肯行苦肉计，咱们江东就有办法了。"黄盖说："为了江东，我死而无怨。"

第二天，周瑜把众将官都集中在军帐里，诸葛亮也应邀前来。周瑜说："曹操带领一百万兵，驻扎在三百多里的战线上，不是短时间就能战胜的。如今我命令诸位将官各人领三个月粮草，准备抵抗敌人。"话未说完，黄盖站出来说："不要说三个月，就是领十三个月粮草也不济事。如果这个月消灭不了曹操的人马，只可依照张昭所说，向曹操投降。"

周瑜大怒说："我奉主公的命令，带兵攻打曹操，谁敢说一句投降的话，我必杀之！"说完就令手下的人把黄盖推出去斩首。众将官苦苦告求，周瑜才没有杀黄盖，而命人剥了他衣服，打了五十大棒。

黄盖被打昏过去几次，看到的人都掉下泪来。鲁肃亲眼看了黄盖的棍伤，然后来到诸葛亮的船里，对诸葛亮说："今天公瑾怒打黄盖，我们都是他的部下，不敢硬去劝说，先生是客人，为什么坐在旁边，不说一句话？"诸葛亮表示："阁下难道不知道公瑾今天毒打黄盖，是用的计策吗？为何要我劝他？"鲁肃还弄不明白，诸葛亮说："不用苦肉计，怎能瞒过曹操？如今公瑾想让黄盖去假意投降，却教蔡中、蔡和把这一情况通报给曹操。阁下见了公瑾，千万不要告诉他我先觉察此事，只说我也埋怨他才好。"

　　鲁肃再看望周瑜。周瑜把他请到军帐内。鲁肃说："今天为何要毒打黄盖？"周瑜问："将官们埋怨没有？"鲁肃说："有很多人心里不安。"周瑜问："孔明的意思怎样？"鲁肃说，他也埋怨你太不够交情。周瑜笑着说："今天总算瞒过他了。"鲁肃说："你说的是什么意思？"周瑜说："今天痛打黄盖是用的计策。我要他假意投降，先用苦肉计，瞒过曹操，然后用火去进攻，可以一举取胜。"鲁肃内心暗暗佩服诸葛亮的高明，却不敢在周瑜面前明说。

　　黄盖被打后，先派阚泽去曹营投了降书，蔡中、蔡和也向曹操汇报了这一情况。曹操表面非常相信，便让阚泽回东吴约黄盖投降。阚泽回到东吴，故意在蔡中、蔡和面前同甘宁发了牢骚。接着又写信给曹操，约定在船头上插了青牙旗前来投降。

　　曹操接到阚泽来信以后，心里还疑惑不定，对谋士们说："谁敢深入周瑜营寨里，打听真实消息？"蒋干自告奋勇。曹操非常高兴，立即叫蒋干上船前往东吴。周瑜听说蒋干又来江东，欢喜地说："我的妙计取胜，关键就在这个人身上。"于是关照鲁肃去请庞统。原来庞统住在江东，鲁肃曾推荐给周瑜。

　　周瑜也请鲁肃问过庞统如何打败曹军的办法。庞统曾说："破曹兵，要用火攻，但在大江之上，一只船着火了，其余的船只容易走散，仍旧没有效用，除非献连环计，教他钉在一起，然后可以成功。"鲁肃告诉周瑜，周瑜非常佩服这一见解。

　　周瑜一面请庞统用计，一面派人安排蒋干在西山庵里休息。蒋干住在庵里，心中烦闷得很。晚上，一个人走出庵后，听到有人读书的声音。只见山脚下有几间草屋，走过去一看，原来此人在读孙武兵书。蒋干想，"这个人一定很不平常。"于是敲门进去打了招呼，问了姓名，知道这人名叫庞统。两人谈了半天，庞统表示愿意随蒋干同去帮助曹操。

　　曹操见了庞统，特地出帐迎接。庞统参观了曹军旱寨水寨以后，趁机向曹操献了"连环计"。这时曹操正为了船在江中，动荡不停，士兵们纷纷闹头晕而犯愁，因为曹操的士兵大多是北方人，不习水战。现在听庞统一说，立即下命令，叫铁匠连夜铸造连环大钉，锁住船只，上面铺上阔板，在水上行走就好比陆地一般。庞统献计以后，仍然暗中回到江东。

巧借东风

一天，诸葛亮入帐来见周瑜。周瑜说道："我主孙权差人来催促我进军，我昨日观察曹操水寨，极是严整有序，非等闲之辈可以攻下。我思得一计，不知可否。"

诸葛亮道："都督先不要说，各自写在手掌中，看我们想的是不是一样。"

周瑜欣然应允。写罢，两个靠近一看，周瑜手中是个"火"字，诸葛亮掌中也是一个"火"字。

两人都认为应该用火攻，真可谓"英雄所见略同"。

此后，周瑜积极安排火攻曹操的计划。有一天，他正在检查军务。当时西北风起，吹得船上的军旗猎猎作响。周瑜看见飘舞的旗帜，忽然想到一个问题，不禁大惊失色。这是因为，曹军在长江之北，要实施火攻，必须刮东南风才行。此时是冬季，只有西北风，哪来的东南风呢？

周瑜心气不顺，病卧在床。鲁肃将此情告诉诸葛亮。诸葛亮表示自己能医周瑜的病，于是，二人一起来到周瑜的营帐。诸葛亮在纸上密书十六字："欲破曹公，宜用火攻；万事俱备，只欠东风。"

周瑜见了大惊，暗想：诸葛亮真神人也！于是恳请道："事在危急，望先生赐教。"

诸葛亮道："亮虽不才，曾遇到奇异之人传授与我奇门遁甲天书，可以呼风唤雨。都督若要东南风时，可在南屏山上建一座平台，叫七星坛：高九尺，作三层，用一百二十人，手举旗幡围绕。我在台上作法，借三天三夜东南大风，助都督用兵，怎么样？"周瑜道："别说三天三夜，只一夜就大事可成了。此事迫在眉睫，请万万不要迟误。"

诸葛亮道："十一月二十日甲子祭风，至二十二日丙寅风停，如何？"

周瑜大喜，一下坐起身来，立即使五百名精壮军士，到南屏山去筑坛，拨一百二十人执旗守坛，听候使令。

诸葛亮于十一月二十日甲子吉辰，沐浴斋戒，身披道衣，赤足披发来到坛前，吩咐守坛将士："不许擅离方位。不许交头接耳。不许随口乱讲话。不许大惊小怪。违令者斩！"众人领命。诸葛亮缓步登坛，看好方位，在炉中烧香，在盂盆内装水，仰天暗祝。诸葛亮一天上坛下坛三次，却不见有大风。

周瑜等人都在中军帐内等待东南风。黄盖等已准备火船二十只，停在江边待命。将士们个个摩拳擦掌，只等帐上号令。

这天晚上，天色晴朗，微风不动。周瑜对鲁肃道："孔明之言实在荒谬。隆冬季节，哪来的东南风？"鲁肃说："我想孔明并不是谬言。"将近三更时分，忽听风声响起，旌旗飘动。周瑜出帐看时，只见旗角竟真的飘向了西北，一霎间东南风大作。周瑜惊骇地说道："此人有夺天地造化之法、鬼神不测之术！若留着他，必是东吴之祸根，及早杀掉，免得生他日之忧。"赶忙叫来丁奉、徐盛二将，密令道："各带一百人，徐盛从江内去，丁奉从旱路去，都到南屏山七星坛前，不用多问，抓住诸葛亮便立即斩首，拿人头来见我请功。"二将领命而去。

丁奉马军先到，只见坛上执旗将士当风而立，却不见孔明，忙问士卒："孔明何在？"士卒回答说："刚才下坛去了。"

这时徐盛船也到。兵卒报告说："昨晚有一艘快船停在前面滩口，方才看见孔明披发上船，那船往上游去了。"丁奉、徐盛连忙分水旱两路追赶。徐盛叫挂起满帆，乘风急迫。终于看见前面的船已离得不远，徐盛在船头大声高喊："孔明先生不要走，都督有请！"诸葛亮站在船尾大声道："回去告诉你家都督，好好用兵，我暂且回夏口了，他日再容相见。"

徐盛道："暂且停一下，有要紧话说。"

诸葛亮道："我已料到都督不能容我，必定要来加害，事先叫子龙来接应。将军不必追赶了。"徐盛见前面的船没挂帆，便只顾往前赶去。待离得近了，赵子龙站在船上弯弓搭箭，"嗖"的一声射断徐盛船上篷帆的绳索，篷帆"嗖"地堕落入水中，船一下子便横了过来。

赵云叫自己船上撑起满帆，乘风而去，快流如飞，追之不及。

岸上，丁奉唤徐盛靠岸，说道："诸葛亮神机妙算，人不如也！"

这里有必要交代一下，诸葛亮难道真的能作法借东风吗？其实不然。冬天刮东风，是当地一个特殊的天气现象。据民间传说，有一年冬天，诸葛亮外出了解民情。他在集市上闲逛时，忽然，听到一个卖泥鳅的老汉自言自语道："要刮东风喽！"诸葛亮很奇怪：冬天怎么会刮东风呢？于是，他虚心向老汉请教。老汉告诉他："民谚说，'泥鳅翻肚皮，半夜东风起'。你瞧我桶里的泥鳅正在翻肚皮，所以我知道今晚要刮东风。"

诸葛亮将这件事暗记在心。到了赤壁之战时，他知道"欲破曹公，须用火攻"，但什么时候刮东风呢？他想起老汉的话，就买了泥鳅养在桶里，当他看见泥鳅翻肚皮时，他就知道要刮东风了，所以敢大包大揽地说要借东风。

不过，东风虽然不是诸葛亮借来的，但他能先期预测天气，靠的是平时的积累。由此也验证了这一规律：机会属于有准备的人。

赤壁之战

这天晚上，曹操在大寨里与部下商议，只等黄盖前来投降的消息。忽然，外面刮起了东南风。谋士程昱对曹操说："奇怪得很，冬天里居然刮起了东南风，要多加防备才行啊！"曹操不以为然，笑着说："冬至过了以后，刮一两次东南风，有什么奇怪！"忽然军士报告说江东有小船来，带了黄盖的秘密亲笔信。曹操拆信一看，只见上面写道："周瑜提防得紧，因此没法脱身。今天有鄱阳湖新运来粮食，周瑜派我巡哨，已有机会。好歹要杀了东吴有名的将官来投降。只在今晚三更，船头上插着青龙牙旗的，便是我所在的粮船。"曹操大喜，便和众将官来到水寨大船上，等待黄盖的船来。

天色快黑的时候，江东那边周瑜斩了蔡中、蔡和，就下命令开船。黄盖在第三只火船上，拿着快刀，向赤壁出发。这时刮起东风，波浪很大。曹操在军营里看看江水，看看月光，月光照耀江水，像万条金蛇，翻波戏浪。曹操迎着江风大笑，以为黄盖投降会带来重要情报。正在看得起劲，忽然一个军士指着远处说："江南隐隐有一堆帆幔，顺风来了。"曹操站到高处去看。有人说都插了青龙牙旗，当中有面大旗，写了先锋黄盖的名字。

曹操笑着说："黄盖果真来投降了。"等到来船渐渐靠近，程昱看出船轻，浮在水面，不像运粮船只，怀疑可能有假，把自己的想法告诉曹操。曹操这才意识到情况不妙，连忙命文聘去制止黄盖的船只前进，不让靠近水寨。文聘刚开出船，就被对方飞箭射中左臂，倒在船里。文聘的船上大乱，曹军迎战的船都各自奔回。这时南岸的船离曹操的水寨

只有二里路，黄盖用刀一挥，前边火船一齐发火。火趁风势，风助火势，火船像箭一样飞射过去，烟焰满布天空。二十只火船，一齐撞进曹军水寨。曹寨里船只一时都着了火，又被铁环锁住，无法逃避。这时江对面又有炮声响起，四面火船都纷纷来到。只见三江面上，一片通红。

黄盖跳到小船上，来找曹操。曹操见到形势紧急，正不知该如何逃走，忽然张辽与十几个人乘小船接住，保护着飞奔向江岸。黄盖望见穿绛红色衣袍的人下了小船，料定就是曹操，便急忙手拿快刀，紧紧追赶。曹操连连叫苦，张辽见了，拉起弓箭，等黄盖船靠近，一箭射中黄盖肩窝，救了曹操上岸。

华容设伏

刘备在夏口等候诸葛亮回来，忽然见到一队船到，原来是刘琦前来打听军师消息。刘备说："东南风起了好久，子龙去接孔明，到现在还没有回来，我很不放心。"话还没说完，兵卒远指樊口港上说："一只快船乘风而来，想必是军师。"刘备和刘琦下楼迎接。过了一会儿，诸葛亮、赵云上岸，刘备见了非常高兴，连声问候别后情况。诸葛亮说："现在没空叙谈别的，只问前次约好准备的军马战船，办好了没有？"刘备说："老早准备好了，只等候军师调用。"

诸葛亮与刘备、刘琦等升帐坐定。诸葛亮对赵云说："子龙带三千兵马，渡过江从乌林小路，拣树木芦苇密的地方埋伏。今夜四更以后，曹操必然要从那条路逃走。等他人马走过去时，就放起火来，虽然不能杀他个干干净净，也要杀他一半。"赵云说："乌林有两条路，一条通南郡，一条通荆州，不知道他朝哪条路走。"诸葛亮说："南郡形势紧迫，曹操不敢去，必定奔荆州，然后朝许昌逃跑。"赵云领命而去。

诸葛亮又对张飞说："翼德带三千人渡过江，切断彝陵这条路，去葫芦谷口埋伏。曹操不敢走南彝陵，必定往北彝陵方向逃走，到了那里，难免要埋锅烧饭。一旦你看到冒烟，就从山边放起火来。即使捉不到曹操，翼德这场功劳也不小。"

张飞奉命走出以后，诸葛亮又教糜竺、糜芳、刘封三人各乘船只到江心里，准备搜索败兵，夺取军器。三个人领令去了。最后诸葛亮站起身对刘琦说："武昌一带，非常重要。公子请回去，带领部下驻扎江岸。曹操被打败以后，必然有败兵逃来你处，来了就捉住，千万不可轻易离开城池。"刘琦辞别刘备等走后，诸葛亮对刘备说："主公可以在樊口驻扎，登上高地，坐看今夜周郎成大功。"

关羽一直站在身边，诸葛亮也不去理睬。关羽忍耐不住，大声说道："关某自从跟随哥哥作战，许多年来，从没有落后，今天面临大敌，军师却不用我，这是什么意思？"诸葛亮笑着说："云长不要见怪，我本来打算要你守住一个重要地方，只感到有些不妥当，不敢叫你去。"关羽问，"有何不妥当之处？"诸葛亮说："过去曹操待你很好，你很可能会想办法报答。今天曹操败退时，必然从华容道逃走。如果要你去守那里，难免会放他过去。因此迟疑着未能做出决定。"

关羽表示："军师真是太多心，过去曹操待我实在不错，但是我斩颜良，杀文丑，解白马的包围，已报答过他了。今天撞到他，怎么肯轻易放过？"诸葛亮问："倘若放了他，怎么办？"关羽说："愿受军法处置。"诸葛亮说："既然这样，就写下军令状。"关羽写下军令状以后，对诸葛亮说："如果曹操不从华容道走，怎么办？"诸葛亮说："我也给你写下军令状。"

诸葛亮说："云长在华容小路上，找高地堆些柴草，放起烟火，可以引曹操过来。"关羽说："曹操望见烟，知道有埋伏，怎么肯来？"

诸葛亮笑着说："你不记得兵法上有虚虚实实的说法？曹操虽然会用兵，这次却可以骗过他。他看到有烟，以为是虚张声势，势必从这条路过去。将军千万不要留情。"关羽接受了命令，带了关平、周仓和五百个校刀手，向华容道去埋伏。一切部署停当，诸葛亮便和刘备到樊口观望周瑜如何用兵，留孙乾、简雍守住夏口。

再说曹操这边。曹操与张辽带了一百多人，在岸上火林里奔走，路上遇到毛阶、文聘等十多人。曹操要大家寻找道路。张辽说："只有乌林，地面空阔可走。"曹操等一行只好奔向乌林。路上又遇到江东的吕蒙、凌统，幸而被徐晃及袁绍手下降将马延等三千兵马救助。

曹操教马、张两人以一千人马开路，走不到十里，又遇到江东的甘宁。马、张两个被甘宁一刀一个杀了，曹操听了，只希望合肥有兵前来救应。不料江东的太史慈、陆逊又从合肥方向杀了过来。曹操只得望彝陵奔走。路上遇到张郃，增加了人马。走到五更，回头望望火光渐渐远了，曹操心里才安定一些。只见周围山川树木非常险要，于是在马上仰着脸大笑不停。部下问他为甚大笑。曹操说："我不笑别人，单笑周瑜没有计谋，诸葛亮见识很少。要是我用兵，一定预先在这里埋伏下一支人马……"

谁料话还没讲完，两边鼓声响起，火光冲天，吓得曹操几乎掉下马来。原来是赵云带一支兵马杀出，大叫："赵子龙奉军师命令，等候已久。"曹操教徐晃、张郃两个敌住赵云，自己脱身，冒烟突火逃走。天快亮时，忽然下了倾盆大雨。曹军冒雨逃跑。等到雨停风住，大家都跑得疲惫不堪了，肚里也很饥饿，正要埋灶烧饭，后面一支兵马赶到，曹操心里很慌，一看，原来是李典、许褚保护着他手下的谋士们来到。曹操很高兴，打听了当地地名，有人说："一边是南彝陵大路，一边是北彝陵山路。"曹操问："哪里奔南郡、江陵最近？"军士说："从南彝陵过葫芦口最方便。"曹操便吩咐向葫芦口进发，等到走近葫芦口，人马都饿得不能行动了。

曹操命大家休息烧饭，军士们纷纷脱掉湿衣在风头吹晒。曹操坐在树林中，又是仰脸大笑。部下说："刚才丞相笑周瑜、诸葛亮，惹出赵子龙来，损失了不少人马，现在又为甚大笑？"曹操说："我笑诸葛亮、周瑜到底智谋不够。如果是我用兵，就在这里埋伏一支人马，我们纵然可以逃得了性命，也不免损失惨重。他们看不到这一点，所以我笑。"

正在说话的时候，曹军前后一齐喊叫起来。曹操大吃一惊，连忙跳上马，其他的人还来不及上马，只见四面都是烟火，山口里一支兵马杀出来，带队的大将正是张飞。张飞横住马大叫："曹操哪里去！"曹军见到张飞，都很胆寒。许褚、张辽、徐晃等紧紧围住张飞，两边人马混战了一阵，曹操又在乱军中乘机逃走。曹操看看张飞追兵渐渐离远，查看部下，大将们大都负了伤。

曹操等又朝前走了一段路，军士报告说："前面有两条路，请问丞相从哪条路走？"曹操问："哪条路近？"军士说："大路比较平稳，却多走五十多里，小路走华容道，只是地窄路险，不大好走。"曹操派人上山去看，回报说："小路山边有几处烟，大路却没有动静。"曹操命走华容道小路。部下大将们都说："有烟就有兵马，为甚反走此路？"曹操说："兵书上说过，虚就是实，实就是虚，诸葛亮多计谋，所以派人在山野里烧烟，骗我军不敢从山路通过，他却把兵马埋伏在大路旁边等候。我料定如此，偏不中他计策。"

于是，曹操一行上了华容道。这时，人已饿极，马也疲乏不堪。军士们有的焦头烂额挂着拐杖在走，中箭中枪的勉强地移动脚步。正走间，忽然前面兵马停止前进，有人报告说："山路窄，又有坑洞，下雨以后，泥陷马蹄，不能前进。"曹操非常生气，下令强壮的军士在路旁砍下树木，填塞山路，并让张辽等拿刀在手，有迟慢的立刻斩首。一时曹军上下哪敢怠慢，有时后面踏着前面的人马过去，号哭的声音，沿路不断。曹操非常生气，传下命令哭者立斩。

过了不平的小路，曹操看看左右只有三百多人，衣服兵器都已很不整齐。曹操催大家快走，人们都说："马走累了，歇歇腿吧！"曹操说："赶到荆州休息也不迟。"没走几里，曹操又在马上扬着马鞭大笑。大家问："丞相为什么又笑？"曹操说："人家都说周瑜、诸葛亮计谋很多，依我看，到底是没用的人。如果在这里埋伏下一支兵马，我们都逃不了命。"

话没说完，一声炮响，两边五百个校刀手一字摆开，当头的大将关羽，拿着青龙刀，跨着赤兔马，拦住了去路。曹军见了，吓得个个你看我，我看你。曹操说："既然到了这里，只得决一生死。"大将们说："纵然人不怕，马已经没力气了，怎能再战？"程昱说："我知道关云长向来很重情义，丞相过去对他恩情不小，现在只要亲自向他求情，便可以摆脱这一难关。"

曹操依照他的话，催马上前，弯弯腰对关羽说："将军近来好吗？"关羽也弯弯腰回答说："关某奉军师命令，等候丞相已久。"曹操说："曹某兵败，情势危急，到这里没路可走，望将军不要忘了过去的情分。"关羽说："过去关某虽受了丞相的厚恩，但是斩颜良，杀文丑，解白马之围，已经报答过了。如今怎敢因私情而忘掉公事？"曹操说："将军过五关斩我六将之事，还记得吗？我不但未加怪罪，还特派人传令为将军放行。大丈夫要重情义。"关羽听问，低头不语。

关羽想起过去曹操待他实在不差，看看眼前曹军狼狈不堪的状态，心里实在有点不忍。左思右想，终于把马头拉回，对军士们说："散开！"显示出愿意放过曹操的意思。曹操见了，便与部下一齐冲了过去。

关羽放走了曹操，带领军士回到夏口。这时各路兵马都缴获了不少曹军的马匹、军器、钱粮，唯独关羽空手而回。诸葛亮正在给刘备道喜，忽然有人报告关羽回营。诸葛亮连忙离开座位，拿起酒杯欢迎关羽说："将军立了大功，替天下除了大害，应当庆贺。"关羽没有开口。诸葛亮说："将军是否因我们不曾远迎，心里不痛快呀？"

于是，诸葛亮对左右的人说："你等为甚不早一点报告？"关羽说："关某特地来请死。"诸葛亮说："难道是曹操不曾走华容道吗？"关羽说："是从那边走过的，只因关某无能，给他逃走了。"诸葛亮说："捉到了什么将士？"关羽说："不曾。"诸葛亮说："这是云长念及曹操过去的恩情，故意放了。但既然有军令状在此，不得不按军法处置。"

诸葛亮命令武士将关羽推出斩首。刘备连忙说："过去和关、张结拜兄弟时，发誓要同生共死。今天云长虽然犯了法，我不忍违背过去的誓言。希望暂时记下这一过失，等以后立了功再赎罪。"

诸葛亮这才饶了关羽。自此，关、张二人对诸葛亮心服口服，再也不敢违抗军令了。

智取荆州

赤壁大战之后，曹操退回北方。因为赤壁一战元气大伤，一时也无法再对孙权和刘备用兵。

孙权和刘备为了各自的利益，又展开了竞争。

江陵会战之后，孙权和周瑜虽然对刘备袭吞荆南四郡不满，可又怕打刘备给曹操造成再次南下的机会，只好忍下这口气。

等各自占领了地盘，对荆州瓜分完毕，诸葛亮建议刘备上书朝廷，推荐孙权任车骑将军，领徐州牧。

诸葛亮这一计，明摆着想逼孙权往东北方发展。

孙权也不含糊，在周瑜和鲁肃的建议下，转而向岭南发展，并很快占领交州（今广东、广西）。这样，就对刘备占领的荆南四郡，自东与南两方面，展开包围。

刘备被包围了，不仅限制了发展，而且随时得提防着江东的进攻。

好在这时庐江郡叛变的曹营大将雷绪，被夏侯渊打败，带着数万人马南下投奔了刘备。孙权见刘备实力增强了，也不敢轻易动武。

就在双方暗暗竞争时，一向体弱多病的刘琦病死了。诸葛亮立即策动荆州南半部郡县首领，共同宣誓支持刘备继任荆州牧。这意味着在名义上获得了对荆州的占有权。对此，孙权既生气又不安。周瑜建议用武力干涉刘备。鲁肃劝说孙权不能冲动，他可以去见刘备，争取一些利益。

鲁肃来见诸葛亮，要求归还荆州。诸葛亮也不想现在与孙权大动干戈，于是让刘备承认南郡属孙权管辖，而刘备只占领江陵以南地区。这样，周瑜这个南郡太守就名正言顺了，而孙权也正式承认刘备为荆州牧。

周瑜仍然心有不甘。可这时刘备又增强了军力。刘备成为荆州牧后，北荆州的刘表旧部，在黄忠和魏延的号召下，纷纷叛离襄阳的曹仁，越过周瑜的江陵，南下投奔刘备。这样周瑜再想动武也不容易消灭刘备了。

刘备当上了荆州牧，十分得意。他知道，自己能有今日的局面，全是诸葛亮出谋划策、鼎力相助之功。为了稳住南荆州的局面，刘备任命诸葛亮为中郎将，督理零陵、桂阳、长沙三郡。

诸葛亮把自己的大本营设在临烝（今湖南省衡阳市），开始治理地方。

这时，他的角色又从出谋划策的张良，变成了经营后方、治国安民

联吴抗曹

的萧何。

诸葛亮治理地方，解决了一个最大问题，就是他用"德治"取代"法治"，平抚了不断叛乱生事的少数民族武装，使混乱的局势得到稳定。

诸葛亮虽然把现有的地盘治理得井井有条，可他知道，这不是目的，他们的目的还是要不断发展，争夺天下。

可是，往东、往南和往北发展的道路都让孙权堵死了。想往西发展，时机还不到。而且有周瑜镇守江陵，西进益州的计划根本无法实现。

按诸葛亮的《隆中策》规划，占据荆州后，就是西进益州。而现在，他们要西进益州，拦在面前的就是周瑜镇守的江陵。

硬夺肯定不行，诸葛亮提出了"借"的办法，可又怕孙权不答应。

刘备决定亲自去找孙权"借"江陵。诸葛亮知道刘备去可能会有危险，但成功的可能性比自己去要大得多，也就同意了。

诸葛亮认为刘备去江东，危险来自周瑜，而不是孙权。于是，他叮嘱刘备的随从人员，有事可求助鲁肃，警惕周瑜方面的反应，要时刻保持警戒状态。

刘备一行来到京口（今江苏省镇江）会见了孙权。刘备虽然是孙权妹夫，却是荆州牧。孙权依然以州郡首长之礼款待他。

刘备借口他那里人太多，住不下，想借江陵暂住，等日后找到好地方，或往北扩大了地盘，再把江陵归还孙权。

孙权心想，这哪里是借江陵，分明是借整个荆州。可他又不好当面拒绝，就说："这件事我得和周瑜商议一下，江陵毕竟是他拼命打下来的，不经过他就借给你，他心里会不平衡。"

刘备听孙权说得合情合理，也不好再说别的。

孙权立刻派人把这件事去江陵通告周瑜。

周瑜不仅坚决反对，还向孙权提出建议："刘备乃一代枭雄，身边还有关羽、张飞等熊虎之将，他们绝不会甘心处于低弱的位置。所以，我认为最好把刘备扣留在江东，替他盖最好的宫室，多给美女玩乐，以娱其耳目。将刘备和关羽、张飞长期分开，使他们发生离间，我就可以趁机出兵收回荆南四郡。如果把江陵也给刘备，让这三个人驰骋疆场，他们就会像蛟龙得到云雨，飞腾九天，不可控制。"

孙权非常同意周瑜的分析，有意采纳周瑜的建议，于是召来大将吕范和鲁肃商议。

吕范同意周瑜的建议。可鲁肃却坚决反对，他对孙权说："将军虽英武盖世，但我们江东的实力有限，根本无法与曹操对敌。况且，荆州的几个地方刚刚收服，对老百姓也没什么恩德，不如让刘备去安抚他们，稳定荆州局势，共同抵抗曹操。这对我们更有利。所以，我认为可以把江陵借给刘备。"

听鲁肃这么一说，孙权也想，就算自己消灭了刘备的势力，也难以与曹操抗衡，还不如联合刘备共拒曹操。

于是，他打消了扣留刘备的念头，备送重礼，把刘备打发走了，也没提借江陵的事。

诸葛亮见刘备全身而归，虽未借到江陵，也很欣慰。

不久后，周瑜因伤病而死，由鲁肃接替他坐镇江陵。

鲁肃继任之后，仍坚持他"联刘抗曹"原则，向孙权建议，答应刘备的请求，出借江陵，让刘备负责西线防卫。

孙权接受了鲁肃的建议。

于是鲁肃将江陵军团，东移到陆口（今湖北嘉鱼县西南）。刘备则将荆州的治所由公安移到江陵。随后，刘备任命关羽为荡寇将军，以襄阳太守之职，驻屯江北。任命张飞为征虏将军，兼领南郡太守。

至此，刘备已拥有荆州九郡中除了曹操手里的南阳郡和孙权手里的江夏郡的七郡。

刘备占有荆州七郡之后，继续招贤纳士。"凤雏"庞统就是这时来投奔刘备的。

诸葛亮从出山到建安十五年（210年）冬，帮刘备取得荆州五郡，用三年时间就完成了《隆中策》中的第一步（占荆州）的任务。

这时，诸葛亮开始思考第二步，如何谋取益州。

三气周瑜

在《三国演义》中，诸葛亮与周瑜斗智，可以说是最精彩的情节。这两个人都是当时之人杰，偏偏诸葛亮技高一筹，所以周瑜屡屡失算。事实上，这并不是历史上的真实故事。据《三国志》记载，周瑜活到了五十多岁，是病死的，并没有在三十多岁就被诸葛亮气死。但"三气周瑜"的故事广为人知，反映了人们对诸葛亮智慧的神化。

公元209年到221年，即赤壁大战后的十一年间，在诸葛亮的全力协助筹谋下，刘备的势力得到迅速发展。

赤壁大战后，曹操北归，留曹仁镇守南郡。曹仁被周瑜用计引出城去，大战而败，逃往襄阳去了。吴军追了一程，周瑜即回到南郡城下，忽见城上旌旗布满，敌楼上一将叫道："都督得罪了！我奉军师将令，已取城了。我乃常山赵子龙也。"周瑜大怒，便命攻城，城上乱箭射下。

周瑜退兵与众将商议，欲派甘宁取荆州，凌统取襄阳，正分拨人马时，忽然探马来报："诸葛亮已派张飞袭了荆州，关羽夺了襄阳。"原来，诸葛亮得南郡后，遂用曹仁兵符，派人前往两处，诈称曹仁求救，诱敌兵出城，轻得两城。周瑜闻知，大叫一声，金疮迸裂，气昏过去。

周瑜被众将救醒，便令起兵攻打南郡，鲁肃忙劝说，言可与之论理，并愿到荆州见刘备、诸葛亮，讨还荆州。等鲁肃到了荆州，诸葛亮对鲁肃说："子敬言之差矣，常言道，'物归原主。'荆襄九郡是刘表之地，刘表虽亡，其子刘琦尚在，理应归于刘琦。我主刘备乃刘表之弟，以叔辅侄，理所当然。"于是，请出刘琦，鲁肃根本想不到刘琦已被诸葛亮请到荆州，先是吃了一惊，默然许久才说："公子不在便如何？那时须将城池还我东吴。"诸葛亮答道："公子在一日，守一日；若不在，别有商议。"遂设宴款待鲁肃。

公元209年，诸葛亮协助刘备乘胜占领了荆州所属的江南四郡——武陵、长沙、桂阳、零陵（都在今湖南境内）。诸葛亮被刘备拜为军师中郎将，总督零陵、桂阳、长沙三郡。"调其赋税，以充军实"。为确保前线军需，诸葛亮没有住在郡城，而是以水陆交通便利的临烝（今湖南衡阳市）为驻地，招降刘表旧部，发展生产，广纳贤才，勤勉治事，荆州很快被治理得井井有条，初具繁荣景象。

公子刘琦病亡后，为防东吴乘机取事，诸葛亮即调关羽接防刘琦生前驻守的襄阳。当鲁肃来索要荆州时，诸葛亮巧妙地以取益州后再还荆州与之周旋，双方立下文书，签字画押。周瑜知道后大呼上当，后来听说刘备甘夫人去世，即设计以招亲为名，骗刘备到东吴软禁之。

当东吴使者言说以孙权之妹许配刘备，请刘备前往东吴招亲时，刘备心存疑虑，不知如何是好。诸葛亮成竹在胸地说："这是周瑜讨还荆州之计。我已定下三条计策，请赵子龙随主公一同前往就可以了。"遂交给赵云三只锦囊，并暗授机宜。

刘备与赵云领着五百士卒，到了东吴的南徐州。赵云打开第一只锦囊看过，便吩咐五百军兵购物张扬。刘备一行披红挂彩，带着重礼前去拜访乔国老（孙权岳丈）、吴国太。这样一来，东吴上下都知道了刘备招亲这件事，孙权与周瑜知道弄巧成拙，只得假戏真做。

不久，刘备与孙尚香成婚，皆大欢喜，仍住在东吴。孙权于是同周瑜商议，又生出一计：命人整饰了刘备的住所，并布置得富丽堂皇，刘备果然被声色所迷，完全不想回荆州去。到了年底，赵云猛然想起军师的临行吩咐，于是打开第二个锦囊看过，进见刘备，报说曹操兴兵来犯荆州。于是刘备与孙夫人并赵云众人，以到江边祭祖为名，离开南徐州望荆州而去。孙权知道后，先令陈武、潘璋二将前去追回，后命蒋钦、周泰二将追杀刘备等人。

刘备一行赶到柴桑附近时，望见后面尘土大起，知道追兵将到。正在这时，前面山脚徐盛、丁奉二将领着三千人拦住去路，原来周瑜料刘备回去走旱路必过此处，已预先在这要冲处扎营等候。

刘备大惊失色，慌忙勒马，问赵云怎么办。赵云镇静地打开第三只锦囊，呈给刘备看过。刘备急忙来到孙夫人车前哭诉，并把招亲这事及当下处境具言相告。孙夫人听后大怒，命从人推车上前，喝退二将，使刘备一行安然通过。

不久，陈武、潘璋二将追到，与徐盛、丁奉合兵追来，孙夫人让刘备先行，自己与赵云断后，把追兵大骂一通，四将无奈孙权之妹何，又不见刘备，却见赵云怒目相向，只得诺诺连声退后，并飞报周瑜。过了半天，蒋钦、周泰二将赶到，传孙权将令，于是众将又率兵沿江追赶。刘备一行人马来到刘郎浦，准备寻船渡江，一眼望去，江水弥漫，并没有渡船。正在这时，忽报后面尘土冲天而起，刘备登高瞭望，看见追兵盖地而来，长叹道："死无葬身之地矣！"正慌急间，忽见江岸边一字儿抛着二十多条拖篷船，赵云急忙护着刘备及孙夫人上船，只见船舱中一人纶巾道服，大笑而出："恭喜主公！诸葛亮在此等候多时了。"刘备大喜过望，急命赵云开船，这时追兵赶到，只得呆呆地在岸上看着刘备一行远去。

刘备一行正在乘船行进间，忽然江声大震，只见江上战船无数而来，知是周瑜亲率惯战水军急追来了，看看快要追上，诸葛亮命船靠北岸，上岸与众军士向北赶去。

到了黄州地界，眼看吴兵就要追上，忽一阵鼓响，山角一队人马杀出，为首大将关羽。周瑜知道中伏，举止失措，急忙拨转马头回撤，左边黄忠，右边魏延，两军杀出，吴兵大败。周瑜急忙离岸上船，只听岸上军士大叫："周郎妙计安天下，赔了夫人又折兵！"

周瑜大叫一声，金疮进裂，昏倒船上，不省人事，众将边救边开船离去。

三国乱世，鼎立三方各自为政，曹、孙、刘三家都处在为谋求统一而政治风云又瞬息万变的境况中，任何一家头脑简单了，就有可能被另外一家或两家联合起来吞掉的危险。周瑜败回柴桑，即请起兵攻取荆州，孙权虽很愤怒，但与张昭商议后，认为强曹在北，不能与刘备闹翻，于是派人到许都，反而表奏刘备为荆州牧，使曹操不敢南下，收曹、刘相攻之利。

曹操在许昌听到孙权"表奏刘备为荆州牧，汉上九郡大半已属备矣"时，手脚慌乱，正写字的笔也惊得掉到了地上，众人问及，曹操说："刘备是人中之龙，以前没有得水。今天得到荆州，犹如困龙入了大海啊。我怎能安心呢？"于是，曹操听从谋士程昱的计策，表奏周瑜为南郡太守，程普为江夏太守，留东吴使者华歆在许昌授以重任，以坐收渔利。

周瑜既领了南郡，便想着报仇，讨还荆州。即命鲁肃去交涉，被诸葛亮用计，以刘备大哭劝回。

周瑜一计不成，又生一计，派人对刘备说："孙、刘既然结亲，便是一家，愿替刘备去取西川。"诸葛亮在旁欣然答应，后对刘备说："这就是周瑜'假途灭虢'的计策，名义去取西川，实际上来夺荆州。等主公你出城劳军，乘势拿下，杀入城来。'出其不意，攻其不备'。"于是叫来赵云做了一番布置。

周瑜听说刘备、诸葛亮欣然答应，还要出城劳军，大笑道："今天诸葛亮也中了我的计！"于是起兵五万望荆州而出。离荆州十余里，见江面上静悄悄的。周瑜心疑，亲自上岸乘马，带领众将及三千精兵，来到荆州城下，命军士叫门，言未毕，忽一声梆子响，城上守军一齐都竖起刀枪，敌楼上赵云大声说："我家军师早已知都督'假途灭虢'之计，故留赵云在此。我家主公说过，他与刘璋同为汉室宗亲，怎么能忍心去攻取西川？如果东吴要取西川，他就要披发入山（出家），不会失信义于天下的。"

周瑜听了，勒马便回，忽一小校来报："探得四路军马，一齐杀到。关羽从江陵杀来，张飞从秭归杀来，黄忠从公安杀来，魏延从孱陵小路杀来。四路正不知多少军马喊声远近震动百余里，都说要捉周瑜。"

周瑜在马上大叫一声，箭疮复裂，坠于马下，左右急救回船。周瑜被众将救醒，怒气填胸，不能支持，自知不久于人世，于是叫人取来纸笔写下遗嘱，叮咛众将要尽忠报国，努力帮助孙权完成大业。说着说着又昏了过去。

过了一会儿，慢慢又苏醒过来，仰天长叹道："既生瑜，何生亮！"连着叫了几声，便悲愤而死，时年三十六岁。

周瑜死后，孙权即根据周瑜生前的举荐，任命鲁肃为都督，总统军马。消息传到荆州，诸葛亮对刘备说："周郎为我数气而亡，东吴上下必怀怨恨，不利于孙刘联盟。我应当往江东去吊周瑜，以释吴人之疑恨，巩固联盟，也可就地寻找贤士辅助主公。"

刘备很担心"吴中将士加害先生"，诸葛亮说："周瑜在时，我都不惧怕，何况今天周瑜已死，我有什么担心呢？"

于是同赵云领着五百军士，带着祭礼，前去吊丧。

诸葛亮一行到了柴桑，鲁肃以礼迎接，周瑜部将都想杀诸葛亮报仇，但见赵云带剑相随，不敢下手。诸葛亮教设祭物于灵前，亲自奠酒，跪在地下，哭读祭文，极言周瑜生前之功绩，叹自己失此知音，泪如涌泉，伏地大哭，哀恸不已。东吴众将相互说："世人都知道周公瑾与孔明不能和睦相处，今天看他祭奠之情，原来世人都说错了。"鲁肃也心中暗想："孔明很是多情，只是周瑜气量太窄，自己害了自己。"

诸葛亮祭完周瑜，正欲上船回去时，只见江边一人道袍竹冠，皂绦素履，一手揪住他大笑说："你气死周郎，却又来吊孝，明明是欺东吴无人啊！"

诸葛亮急忙回头看时，原来是人称凤雏先生的庞统庞士元。诸葛亮也大笑，两人携手上了船，各自诉说心中之事。临别，诸葛亮给庞统留下一封信，要他到荆州与自己共扶刘备，庞统欣然答应。两位故友依依惜别，诸葛亮自回荆州去了。

后来庞统不被孙权重用，就到荆州来投刘备，终被拜为副军师中郎将，与诸葛亮共谋方略，教练军士，听候征伐。

曹操在许昌听说刘备拜诸葛亮、庞统为军师，招兵买马，积草屯粮，联结东吴，知道早晚必要兴兵北伐。于是召集众谋士商议南征之事，谋士荀攸进言："可先取孙权，次攻刘备。"曹操很赞同，并听从荀攸的计谋，把西凉马腾骗到许昌杀掉，以绝南进后顾之忧。即起大军三十万，径下江南。

早有细作报到东吴，孙权与众将谋士商议后，急差人命鲁肃向荆州刘备求救。诸葛亮回信给鲁肃称："可以高枕无忧。如果有北兵侵犯，刘皇叔自有退兵之策。"并对大惑不解的刘备解释说："曹操平日所担忧的是西凉的兵马，现在曹操杀了马腾，而马腾的儿子马超统率着西凉的军马，必定对曹操怀着切齿之恨。主公可信告马超，进兵关中（今陕西关中地区），那样曹操又怎么能南下呢？"刘备听后非常高兴，随即写了信，派一名心腹送到西凉去了。

果然不出诸葛亮所料，马超尽起西凉之兵，联合西凉太守韩遂，起兵二十万，杀入关内，直奔长安，找曹操报仇雪恨。马超军势很盛，势不可挡，很快攻破长安城，并攻占潼关，又加上马超勇武无敌，直杀得曹操弃袍割须于潼关，夺船避箭于渭水，曹军多次被马超打败。

后来曹操用谋士贾诩反间计，离间了马超与韩遂，才大败西凉军。经过这一折腾，曹操再也无力南征了。

三分天下

诸葛亮辅佐刘备，占益州，取西川，招降纳叛，增强实力，终于实现了『三分天下』的谋略。接下来，他又协助刘备，选贤任能，发展经济，为统一天下做准备。

然而，随后形势骤变，令诸葛亮始料不及，以致让他也不能控制。这件事就是关羽大意失荆州，让刘备失去了直接攻击襄阳、樊城的根据地，也无法从荆州出兵北伐，而且大长了孙权的势力。

进取益州

刘备在荆州的统治得到巩固后，按照诸葛亮、庞统的建议，积极准备谋取益州了。

益州的辖地以今四川省为中心，北面包括陕西省的汉中地区，南面包括云南、贵州一带。益州当时辖有汉中、巴郡、广汉、蜀郡等九郡，包括从三个边郡分出的与郡平级的属国，总计为十二个郡级区划。

诸葛亮的《隆中策》中规划，在占据荆州后，也就是刘备取代刘表后，挥师入川，消灭刘璋和张鲁，这样就可以与曹操、孙权三分天下了。而对于益州和汉中这两块肥肉，孙权和曹操也想吞吃。

这时，占据益州的是刘璋。刘焉、刘璋父子在益州统治了二十多年，推行分裂、守旧的儒家路线。公元188年，汉宗室鲁恭王的后代刘焉来到益州，黄巾军刚被镇压下去，阶级矛盾非常尖锐，但刘焉对豪强大族采取"宽惠"政策。刘焉死后，其子刘璋继续实行"温仁"之政，致使随他入蜀的"东州人"即客籍地主，"侵暴旧民，璋不能禁"，且益州本地的"大姓"豪族，称霸郡县，刘璋也无可奈何。这些豪强大姓任意侵夺人民土地、财产，残酷地剥削和压迫人民，搞得益州这个"天府之国"，乌烟瘴气，贫穷混乱不堪，社会矛盾和主客籍地主集团之间的矛盾都很尖锐。正如诸葛亮在《隆中对》中分析的那样："刘璋暗弱，民殷国富，而不知存恤，智能之士，思得明君。"

公元211年，正当诸葛亮、庞统和刘备商议进收益州的时候，益州牧刘璋派遣法正到荆州来迎接刘备入蜀了。何以事情会如此凑巧呢？原来刘璋为防汉中张鲁入侵益州，曾派别驾张松去结好曹操。张松本想投靠曹操，不料曹操因胜而骄；对张松不加礼遇，甚为轻慢。张松以此为怨，过荆州时把原准备献给曹操的益州地图献给了刘备，并力劝刘备入川。张松回到成都，就向刘璋疵毁曹操，并劝刘璋与曹操断绝往来，说刘备与他是同宗兄弟，可以成为心腹，要刘璋交好刘备。

刘璋采纳张松的建议，企图用刘备的力量抵御曹操和汉中的张鲁，于是根据张松举荐，派扶风人法正去荆州和刘备通好。不久，又派法正和孟达给刘备送去四千兵士，以帮助刘备守御，并前后赠给刘备以"巨亿"的钱作为兵饷。

原来张松和法正是好朋友，常在一起私下议论，认为跟随刘璋"不足与有为"，成不了大事。他俩密谋策划，准备共同拥戴刘备为益州之主。

法正到荆州见到刘备，力陈"益州可取之策"，把益州的兵器、人马、府库、钱粮以及地理远近、战略要地等情况，都告诉了刘备，使刘备、诸葛亮、庞统等人进一步了解了益州的虚实。进取益州，这既是诸葛亮在隆中早已确定的既定战略，也是庞统所倡导的"逆取顺守"的策略，更是刘备集团实际利益的需要。

于是，进取益州，便正式提到了议事日程。

经过商议，刘备决定留下诸葛亮、关羽等镇守荆州，刘备亲率庞统和黄忠、魏延等谋臣武将及数万军队向益州进发。益州文武众人，坚决反对刘备入川。主簿黄叔、从事王累等都力谏不可，特别是王累以"自刭州门"，表示刘备不可入川。巴郡太守严颜叹道："这是独坐穷山，放虎自卫也！"刘璋一概不听，下令所过之处，迎送供奉，真使刘备感到"入境如归"。

刘备从江州北面垫江（今四川合川）取水路向涪城（今四川绵阳市东）进发。刘璋亲率步骑三万多人，赶往距成都三百六十里的涪城与刘备相会。刘备到达涪城，刘璋亲自出迎，两个相见，非常高兴。这时，

张松、法正、庞统等都向刘备献计，趁机杀掉刘璋坐得益州。刘备坚决不同意，后对庞统坦率地讲了自己的实际想法："我们刚到这儿，对老百姓毫无恩信可言，所以不能这么匆忙地做。"

刘璋和刘备在涪城住了三个多月。这期间，刘璋给刘备增加了大量兵众和财物，请他向北讨伐张鲁，刘璋自回成都去了。刘备统军向北到了葭萌（今四川广元西南），就停了下来。"未即讨鲁，厚树恩德，以收众心"。忽然接到诸葛亮送来的报告，说孙权派人把孙夫人接回东吴去了，五岁的阿斗差点也被带去，刘备感到事情复杂，决心尽快解决益州问题。刘璋对刘备取占益州的意图已有所觉察，形势很是危急。庞统立即向刘备献上收川三计：上计是暗选精兵，径袭成都，一举便定；中计是收斩白水关守将杨怀、高沛，并其部众，徐图进取；下计是退还白帝城，联结荆州，日后缓图。刘备认为上计太急，下计太缓，中计比较可行。便借口曹操来攻，理应回兵去救，向刘璋求借兵物，刘璋予以拒绝。这时，内应张松因机事不密，被刘璋收斩。刘璋下令各处关隘严加防范，同刘备断绝往来。刘备有了借口，立即斩了杨怀、高沛，夺了白水关。自此，双方正式摊牌，刘备拉开了收川战争的序幕。

刘备收并白水军后，挥师南下，进据涪城。打败了刘璋派来堵击的刘贵、冷苞、张任、邓贤、吴懿、李严等将领，吴懿、李严等率所部投降，张任、刘贵退与刘璋儿子刘循固守雒城（今四川广汉县北）。这时，刘备军威大振，在分遣诸将平定益州郡县的同时，和庞统亲率主力进攻雒城。

雒城之战，是刘备兵定益州的一次关键性战役，刘备久围雒城不下，刘循坚守不出，军师庞统也被张任乱箭射死于落凤坡，刘璋又派兵围攻葭萌关，意欲切断刘备后路。刘备感到形势危急，写信叫关平速去荆州请诸葛亮前来。

诸葛亮接到刘备的信，对庞统身死大哭不已，把信让众人看，说：

"主公现处紧急之际，我不得不去。荆州重地，主公信中虽然没有说，但让关平送信，意云长公保守，责任重大，公宜勉之。"关羽更不推辞，慨然允诺。诸葛亮设宴，交割印绶，关羽双手来接，诸葛亮擎着印郑重地说："这干系都在将军身上。"关羽大声说："大丈夫既领重任，

出师表（部分）

除死方休。"诸葛亮听关羽说出个"死"字，心中很不高兴，不想交给他大印，但话已说出了，于是问道："如果曹操引兵来攻，应当如何处置？"关羽回答说："以全力抗拒之。"诸葛亮又问："如果曹操、孙权一齐发兵来攻，怎么办？"关羽答："分兵抗拒之。"诸葛亮说："如果这样的话，荆州就危险了。我有八个字，只要将军牢记，就可以保守住荆州了。"停了一下，郑重地说："北拒曹操，东和孙权。"关羽点头称道："军师之言，当铭肺腑。"但是，诸葛亮担心的事情后来还是发生了。

诸葛亮把大印交给了关羽，命令文官马良、伊籍、向朗、糜竺，武将糜芳、廖化、关平、周仓等，留下辅佐关羽，同守荆州。然后亲自点兵入川：先拨精兵一万，教张飞统领，从大路杀奔巴州、雒城之西；又拨一支兵，令赵云为先锋，溯江西上，会于雒城；诸葛亮随后引简雍、蒋琬等率大军起行。

张飞临行时，诸葛亮嘱咐说："西川豪杰很多，不可轻敌。一路上要戒约三军，不得掳掠百姓，以免失去民心。所到之处，应该多多抚恤，不可任意鞭挞士兵。希望将军早到雒城相会，不可有延误。"张飞欣然答应，上马领兵出发了。张飞带领人马，快速前进，所到之处，但降者秋毫无犯，一直通过汉川路，到达巴郡，用计收降了巴郡太守严

颜。于是，严颜为前部，张飞领军随后，所到之处，尽是严颜管辖，四十多处关隘的守军都被严颜叫出来投降了张飞，很快到了雒城。诸葛亮和赵云后来也赶到了，见张飞先到，很是惊异，问明原委，诸葛亮高兴地说："张将军能用谋略，这是主公的洪福啊。"于是，诸葛亮调兵遣将，用计擒杀了张任，很快攻占了雒城。

刘备、诸葛亮乘胜进军。一面亲率主力直逼成都，一面分兵去攻占成都周围诸郡，进而合围成都。这时，因兵败而投靠张鲁的西凉马超，也来投归了刘备，领兵到成都前来助战。刘璋见大势已去，虽然有人劝他不要投降，刘璋感叹地说："我父子在益州二十多年，对百姓谈不上有什么恩德，老百姓为我打了三年的仗，吃的苦够多了，要是再打下去，我不忍心！"于是开城出降。刘备见了刘璋，很不好意思，说了些抱歉的话，就让刘璋带上全部财物，并佩带振威将军印绶，去南郡公安居住。

刘备进入成都，大摆庆功筵宴，犒劳三军，论功行赏。刘备以荆州牧又兼领益州牧，拜诸葛亮为军师将军，将后方政务一概交给他料理。诸葛亮也就全力以赴地协助刘备治理巴蜀。

智取汉中

汉中是益州东北部的一个边郡，地理条件好，周围环山，北屏秦岭，中间是汉水盆地，汉水支流沔水流经其间，土地肥沃，物产丰富。从这里北上可以控制秦陇，南下可以直达荆襄，因此在军事上也占有重要地位，是咽喉重镇。

公元215年，曹操亲率大军进攻汉中的张鲁，张鲁败降，曹操留大将夏侯渊驻守汉中。公元217年，鲁肃去世，接替鲁肃屯兵陆口的吕蒙，会不会像鲁肃那样顾全大局，与关羽友好相处呢？出于对吴蜀联盟前途的担忧，刘备和诸葛亮感到夺占汉中，巩固巴蜀，已是刻不容缓的事。

法正对于夺取汉中的紧迫性也有同感。他对刘备说道："曹操一举攻下汉中降服张鲁，不乘机进兵益州，而是留下夏侯渊、张郃镇守汉中，自己急忙回到北方，这是为什么？是因为曹操智慧不足力量不够吗？不是，是由于他内部忧患使然。我认为，夏侯渊与张郃的才干谋略，不能胜任独当一面的需要，我们如果出动全军前去讨伐，必定可以攻取汉中。攻占汉中之后，广兴农业，积聚粮食，观察形势，等待时机，推翻曹操，兴复汉室；可以蚕食雍、凉二州，开疆扩土；也可以固守要害，做持久的打算。这是天赐良机，我们不可失掉啊。"

法正的建议与"隆中对"的战略目标是一致的，自然得到了诸葛亮的赞同，也被刘备采纳。刘备立即做了如下部署：诸葛亮镇守成都，刘备亲率大军征汉中，法正随从参谋军机，赵云、黄忠、魏延、张飞、马超、吴兰等主要将领全部从征。

刘备与曹操争夺汉中的战役开始了。刘备将军队分作两路：一路由张飞、马超、吴兰率领，直抵武都，进屯下辨（武都郡治所，今甘肃成县西北）；另一路军进入陇右，起着牵制曹军、配合主力的作用。特别是马超，自幼生长在凉州，有羌人血统，甚得羌胡之心，威震陇右之地，由他策动武都、陇右氐羌及旧部反曹显然是合适的人选。果然，马超等至武都以后，氐人酋长雷定等率七万余部众反曹响应马超。

曹操闻听刘备军至陇右，急派曹洪、曹休率军攻取下辨。曹休是曹操的族侄，曹操很是宠爱他，称他为"吾家千里驹"。此次出兵陇右，曹休虽为骑都尉，参与曹洪军事，但曹操却对他说："汝虽参军，其实帅也。"因此，曹洪虽然名义上是主帅，进行重大决策的人其实是曹休。

当时，刘备将吴兰屯驻下辨。当曹军准备进攻时，在他们的后面

固山，却出现了张飞的队伍，看样子是要切断他们的后路。曹兵立即慌乱起来。曹休对众人说："张飞要真的打算断我后路，就应该伏兵潜行，不让我们知道。如今他这样大张旗鼓，虚张声势，说明他不能断我后路。我们应乘他们还未集中，迅速进击吴兰。吴兰一破，张飞必然退走。"于是，曹洪下令进攻吴兰。吴兰败走，被阳平氐人强端斩杀。张飞、马超见下辨失守，只好向后撤退。

刘备一路直攻汉中，在阳平关与曹军对峙。为了保证道路的畅通，刘备派大将陈式率十余营兵士驻扎在马鸣阁道。马鸣阁道是蜀中古栈道，在今四川广元市北朝天镇附近，沿嘉陵江河谷修建。刘备率兵驻扎于此，一方面保证后方供应，一方面保证退路。夏侯渊派大将徐晃率兵袭击陈式，陈式军被打败，士兵纷纷跳入山谷，伤亡惨重。

刘、曹两军经过激战之后，双方相持于巴、汉之间。刘备"急书发益州兵"，诸葛亮与从事杨洪商议对策。杨洪说："汉中则益州咽喉，存亡之机会，若无汉中则无蜀矣，此家门之祸也。方今之事，男子当战，女子当运，发兵何疑。"诸葛亮非常看重杨洪的见识，当即发兵，支援汉中前线。

从建安二十二年（217年）刘备出兵汉中到建安二十三年（218年），双方在汉中僵持了一年多。

建安二十四年（219年）春，刘备发动定军山战役，大败曹军。曹军损失了主帅夏侯渊，又恐刘备乘胜进攻，众人慌作一团。

虽然有张郃出来收拾残局，但定军山一仗，对刘备争夺汉中之役毕竟是个重要转折。从此，形势开始向有利于刘备方面转化。

建安二十四年（219年）三月，曹操自长安率兵经褒斜谷赶往汉中。刘备听说曹操到来，信心十足地说："曹公虽来，无能为也，我必有汉川矣。"

曹操入汉中，是想反击刘备，以保住汉中。然而刘备却敛众据险，不与曹操硬拼。曹操进入汉中，带来数千万袋军粮，储于北山之下。刘备大将黄忠认为可袭取曹操北山军粮，曹军无粮必败退。赵云赞成黄忠之计，并将自己所统之兵拨出一部分随黄忠去北山。

按照正常时间，黄忠该事毕归营了，可是仍不见其归来。赵云放心不下，便率数十骑兵出营，接应黄忠。不料没有接到黄忠，却碰到了曹操的前锋部队，两军厮杀起来。赵云寡不敌众，率众且战且退，一直退回自己大营。这时，赵云的副将张翼主张紧闭营门坚守，而赵云入营后，却令大开营门，偃旗息鼓。

曹军追到营前，见到这种情形，怀疑赵云有埋伏，便退军回去。赵云见曹兵退却，令士兵擂鼓，声音震天，并让士兵用劲弩猛射曹军，曹军惊骇，自相践踏，有很多人落入汉水而死。第二天，刘备来到赵云大营，见他昨日与曹军作战之处，高兴地称赞赵云说："子龙一身都是胆也。"

一个多月过去了。

曹操在汉中欲守无险，欲战不能，除了军粮一天天减少、士兵伤亡逐渐增加外，其他一无所获。

时值五月，盛夏的汉中酷热难耐。这里本是个盆地，盆底平坦、宽阔，然而不知为什么，曹操觉得这土地忽然变小了，四面的大山增高了，他有一种被装进盆里的感觉，压抑、憋闷，他甚至对这个地方有些厌恶。

建安二十四年（219年）夏五月，曹操引兵撤出汉中。汉中归刘备所有。七月，诸葛亮等一百二十名文臣武将联名上表汉献帝，拥立刘备为汉中王。

诸葛亮策划拥立刘备为汉中王，是与前不久曹操晋封魏王相抗衡。

当然上表根本不用汉献帝批准，因为有曹操把持朝政，所以汉献帝也绝不会批准。表文一上，就在汉中的沔阳（今陕西省勉县东南）设坛场，举行隆重典礼，刘备戴上王冠，接受玉玺，成了汉中王。

就这样，蜀汉政权正式成立了。

汉中称王后，刘备率文武官员回到成都，开府治事。

刘备自封汉中王，拜许靖为太傅、法正为尚书令，以军师诸葛亮总领军国大事。

刘备做出的第一项重要任命就是提升牙门将军魏延为镇远将军，领汉中太守，去驻守汉中。

于是，三国鼎足之势至此形成。

刘备称帝

诸葛亮三分天下的宏图实现了，刘备在汉中称王。诸葛亮把主要精力都用在了治蜀上，为了有法可依，他还与法正、刘巴、李严、伊籍共同制定了法律《蜀科》。

按他的设想，等把蜀地治理得强大起来，就可以待机北征，实现《隆中策》第二阶段目标："复兴汉室，统一天下"。然而，随后形势骤变，令诸葛亮始料不及，以致让他也不能控制。

第一件事就是关羽大意失荆州，被吕蒙活捉，然后被杀。

就在刘备当上汉中王这年（219年）七月，镇守荆州的关羽开始发动襄阳、樊城战役，去进攻驻守在这两处的曹军。可是诸葛亮并不赞成关羽擅自挑起战争。按照他《隆中策》规划，北伐必等中原有变，荆州和益州同时发兵，而今关羽不顾诸葛亮全盘考虑，提前北伐，打乱了诸葛亮原来的规划。

在这件事上，诸葛亮表现得无能为力。不仅仅是关羽这个人自高自大，刚愎自用，在他眼里只有刘备没有别人。再说，刘备也一直支持关羽用兵，这给诸葛亮带来很大麻烦。

诸葛亮只能保持沉默。

关羽开始用兵时，留南郡太守糜芳守江陵，将军傅士仁守公安，自率大军北进，围攻由曹仁驻守的军事重镇樊城。曹操派于禁、庞德援助曹仁，可八月间下雨不停，汉水暴涨，曹军被水淹，在关羽乘势猛攻下，于禁投降，庞德被关羽擒杀。这就是著名的水淹七军。

随后，关羽又派兵围攻襄阳，迫使荆州刺史胡修、南阳郡太守傅方投降。到了十月，弘农郡陆浑县的孙狼等人也起兵反曹，成为关羽继续北伐的内应。

但是，关羽攻打樊城遇到了很大的阻力，久攻不下，双方陷入了僵持的状态。曹操又派徐晃过来援助，这使关羽更难在一时之间取得胜利。

司马懿像

这时，曹操采纳司马懿之计，派人劝说孙权偷袭关羽的后方，以解樊城危机。

孙权早有夺取荆州之心，他立即答应，把偷袭荆州的重任交给了接替鲁肃执掌兵权的吕蒙。吕蒙为了迷惑关羽，假称病重，离开陆口返建业就医，而派名望不高却有真才的年轻将领陆逊到陆口接替自己。

这一招果然使关羽上当，对孙权政权放松了警惕，一心一意攻打樊城。吕蒙设计使关羽败走麦城，关羽被捉，进而被杀。时年，关羽五十八岁。

关羽被杀，荆州丢失，让刘备失去了直接攻击襄阳、樊城的根据地，也无法从荆州出兵北伐，而且大长了孙权的势力。

紧接着，就在关羽死后不久，曹操在第二年（建安二十五年）的元月，因病去世，享年六十六岁。

曹操死后，他儿子曹丕继任为魏王。就在同年十月，曹丕逼迫汉献帝让位给他，他当上了皇帝，史称为魏文帝，改封汉献帝为山阳公。曹丕称帝后，改国号魏，建都洛阳。

原来，刘备开始得知关羽连连获胜的时候，自然非常兴奋，可诸葛亮提醒刘备要注意关羽的后方，也就是防备孙权。刘备就派人向驻扎上庸的孟达和刘封传令，要他们密切注意荆州军情，随时准备支援。

等吕蒙偷袭荆州时，陆逊同时占领秭归，封锁住三峡口，使刘备与荆州的联系中断——益州与荆州之间有三峡阻隔。虽然与荆州中断联系，而上庸还随时可以传报军情，刘备积极准备东征荆州增援关羽。他总以为如有紧急情况，孟达和刘封必会先行驰援，情况不至于太坏。可是，孟达和刘封居然对关羽的命令或者说是求援无动于衷。

等到关羽被杀，荆州丢失，刘备得到消息，一切都来不及了。

刘备痛失关羽，气火攻心，一下子病倒了。刘备认为非得重重惩罚孟达和刘封不可，否则对不起死去的关羽。

诸葛亮劝阻说："这件事急不得，逼急了，会生变故。"

果然，没过几天，孟达派人送来辞职书，然后怕刘备治罪投降魏国了。

曹丕欣然接受孟达，封他为新城太守。因新城邻近益州，曹丕是想把孟达作为日后进攻益州的先锋使用。孟达投降后，受命与徐晃去进攻上庸，逼降上庸太守申耽，打跑了孤军奋战的刘封。刘封只好跑回成都向刘备请罪。

刘备这时气头已过，又念刘封义子之情，不忍杀刘封。

诸葛亮却认为太子刘禅个性太过于温顺，刘封则性情刚猛，骄奢强悍，日后可能威胁到刘禅的王位，因此劝刘备借此机会除掉刘封。刘备

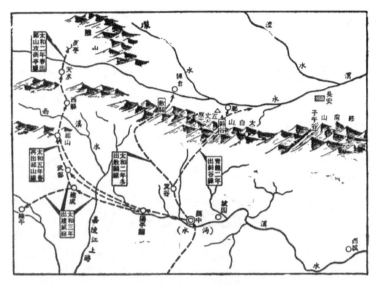

诸葛亮北伐示意图

就下令让刘封自杀了。

这段时间，刘备想东征讨伐孙权，替关羽报仇，可因孙权与曹丕关系甚密，使益州北、东防线受到威胁，他也只好暂时忍耐。

不久，又传来曹丕篡汉自立的消息，又听到汉献帝遇害的谣传，令刘备和诸葛亮受到极大震撼。刘备只得把东征孙权的事再放一放。

知道曹丕篡汉自立后，益州群臣劝刘备承继汉之大统，即位皇帝。刘备犹豫不决，又听说孙权向曹丕遣使称臣，曹丕晋封孙权为吴王，不禁大怒，又想立刻举兵东征孙权。

诸葛亮只好苦劝刘备，说："当年吴汉、耿纯等劝世祖（光武帝）即帝位，世祖前后谦让了四次，耿纯进而表示：天下之英雄，跟着你出生入死，都是抱有希望，如不依从他们，他们将各自散去，不再为你效命了。世祖为耿纯的真诚而感动，就答应了。如今曹丕篡位，天下无主，大王乃汉室苗裔，更应继世而起，现在称帝，正是时候。诸士大夫随大王征战历年，都希望得到尺寸之功，如同耿纯向世祖所言，你让他们失望，谁还追随你呢。"

刘备也怕众叛亲离，就同意称帝。

在曹丕称帝的第二年（建安二十六年）四月，刘备在成都即帝位，国号仍为汉，也称蜀，史称蜀汉，改建安二十六年为章武元年。

诸葛亮成为蜀汉的丞相。

刘备托孤

章武元年（221年）七月，刘备为了给关羽报仇，不顾诸葛亮反对，大规模进攻东吴。结果，陆逊火烧连营，大败蜀军。刘备败退到白帝城（今四川奉节），因忧愤悔恨而病倒了。

章武三年（223年）四月，白帝城的永安宫内，住着年过六十、满头白发、一脸病容的刘备。他眼见自己病重，便派使者去成都，请丞相诸葛亮赶来，听受遗嘱。

诸葛亮当即安排太子刘禅掌理国事，并命朝中文武尽心辅佐刘禅，然后带上刘备的另外两个儿子刘永、刘理和一些官员，急匆匆地向白帝城赶来。

诸葛亮到了永安宫，刘备请他坐在自己床边，强打精神，翻身坐起，拉着诸葛亮的手，用沉重、悲伤的声音对诸葛亮说："我自从得到丞相辅佐以后，总算建立了国家。可是我自己见识浅陋，没有接受您的忠告，东征失败。现在我快要死了，儿子又软弱无能，我不得不把大事托付给你。"

诸葛亮听了，伤心地流着泪说："请陛下好好保养身体，不要太伤心了。"

刘备抬头看看诸葛亮的随员马谡等也站在旁边，便叫他们退下去，然后对诸葛亮说："你看马谡此人如何？"诸葛亮说："他熟读兵书，颇有才华。"刘备说："我看此人言过其实，丞相将来不可重用他。"

刘备接着口授遗嘱，让尚书令李严代为写好，然后交给诸葛亮。他一手抹着泪水，一手握住诸葛亮的手说："我这就要离开人世了，有一句心里话要告诉丞相。"

诸葛亮问："陛下有什么吩咐？"

刘备说："丞相的才能，十倍于曹丕（曹操长子，他已在前几年篡夺帝位，是为魏文帝），是一定能治理好蜀国和统一全国的。我不行了，我把阿斗（刘备的儿子刘禅的小名）托付给你，如果阿斗值得辅佐，你就辅佐他。如果他没有做皇帝的才能，你可以把他废掉，自己做蜀汉的主人吧！"

诸葛亮听了，对刘备这样信任自己，又是感激又是难过，他哭着跪下说："我怎么能不竭尽全力辅佐太子呢？我一定忠贞不渝，直到结束自己的生命。我就是死了，也难以报答陛下的恩情啊！"

刘备又请诸葛亮坐到床上，把自己两个儿子叫到跟前说："你们要永远记住我的话，我死了以后，你们兄弟二人，要把丞相当作父亲一样来伺候，不许怠慢！"说完，又让两个儿子给诸葛亮磕头。诸葛亮难过得泣不成声。不久刘备就去世了，终年六十三岁。

刘备去世前，留给太子刘禅一份遗诏，其中有这样的话："人活五十岁就不算短命，我已活了六十多岁，死了没有什么可惋惜的，只是非常挂念你们兄弟。你们一定要奋勉，不可懈怠。凡事不能以为是小恶就去做，也不要以为是小善而不去做。你们要努力学习，认真阅读《汉书》《礼记》《六韬》《商君书》，这能增长智慧。听说丞相已把《申子》《韩非子》《管子》《六韬》等书抄写一遍，你们要向他请教。"

刘备这样交代后事，把朝政毫无保留地交代托付给一位大臣，这在

位于瞿塘峡口的白帝城

诸

葛

亮

中国历史上是少有的，这说明诸葛亮在和刘备共事的十几年中，以自己的品格、才智获得了刘备对他的完全信任和尊重。

刘备死后，治理蜀国的重担就全压在诸葛亮身上了。他受命于危难之时，其政治才能受到了空前严峻的考验。

刘备死后的蜀国矛盾重重、难题成堆。诸葛亮不由陷入深思，考虑今后的出路。

丢失荆州以后，蜀国地盘缩小，如何才能实现同曹魏做斗争，并复兴汉室的目标呢？与东吴的联盟因荆州战略要地的争夺而破裂，相互大战，再不调整关系，会不会被曹魏分化瓦解、各个击破呢？益州地区过去法制松弛，豪强势力置国家法纪于不顾，如果不整肃内部，不仅没有北上灭魏的基础，刘禅统治集团要在益州站稳脚跟，也成问题。

在刘备病重时，人心浮动，有的地方官吏看到蜀国对吴作战失利，又见刘备将死，便起兵反叛。南中诸郡，一些民族首领也乘机闹事。如何及时处理好这些问题，使诸葛亮大伤脑筋。

幼主刘禅那时虽已十七岁，但软弱无能，根本不懂得如何处理政治问题，更没有什么治国的方略。

诸葛亮深知自己肩负的责任重大：以当时弱小的蜀国，想灭掉占有整个中国北部的曹魏政权，进而实现中国统一，这是多么艰巨复杂的任务。

为了把蜀汉治理好，积蓄力量，以图大业，诸葛亮在选拔人才、修明外交、厉行法治、发展经济、提倡节俭等方面采取了一系列强有力的措施。

诸葛亮果断地恢复了联吴抗魏的战略方针，毅然决定派出使节去和东吴修好。为了寻找一个合适的人选，他再三思量。有一天邓芝来见诸葛亮，说："目前，主上年轻，初登皇位，民心未安。如果要完成统一大业，就应抛弃旧怨，和东吴修好。没有东吴这个后顾之忧，我们才能北上进取中原。不知道丞相是怎样考虑的？"

诸葛亮一听，十分高兴，觉得邓芝与自己的看法不谋而合。邓芝敢于进言，说明这个人很有政治头脑，于是，决定破格使用，派邓芝出使东吴。

邓芝出使东吴，果然不辱使命。当时，曹魏也派出使者来做孙权的工作，要孙权联魏攻蜀。邓芝见到孙权，晓以利害。孙权终于消除了疑虑，决定重新与蜀国结盟，共拒曹魏。

诸葛亮起用邓芝，说明他既重视外交，又重视人才。诸葛亮把一个国家比作房子，把人才比作支撑房梁的柱子。他说：柱子如果细小脆弱，房子的寿命就不会长久，顶梁柱要选用好木材，政府官吏也要选用正直的有才能的人。粗大结实的木材，要经过挑选才能够得到；正直有用的人才，也应该经过选拔才能够得到。

第五章

治理西蜀

诸葛亮为了维护蜀汉的统治，增强国家的经济力量，供应军事上的需要，在积极进行政治改革的同时，也注意发展生产，利用当地的自然条件，广开财源，尤其是推行『务农殖谷』的政策，促进农业经济的进步。

诸葛亮用人，打破地区和集团的界限，既用外籍人，也大量使用益州本地人，使本地人的地位有所提高。

儒法并用

诸葛亮治理西蜀的指导思想是德治、法治并用,儒法结合。他尊奉先秦儒家思想,吸收法家思想的有利因素以及西汉新儒家的政治思想,主张"礼法并用""德威并举"。而这个"礼"主要就是指儒家倡导的"三纲"(君为臣纲,父为子纲,夫为妻纲),"五常"(仁、义、礼、智、信)等伦理道德。

这种儒法结合的治国原则,是对先秦儒家思想的继承和发展。儒家强调德治,从来没有放弃法治。为了维护刘备集团在益州的统治,为了蜀汉政权的长治久安,诸葛亮治理西蜀时,根据西蜀当时的具体情况,首先把实行法治摆在重要的地位。

益州原来的政治状况很不稳定,除统治阶级内部矛盾复杂外,阶级矛盾非常尖锐。其主要原因是地方豪强和官僚们的专横恣肆,侵夺百姓,天府之国广大劳动人民创造的财富,大都落入他们的腰包。公元188年,即在刘焉为益州牧前夕,曾发生以马相、赵祗为首的农民起义。起义者自称黄巾军,攻下绵竹县(今四川绵竹东南),杀死县令李升,攻破雒县,杀死益州刺史郤俭,还占领了蜀郡、犍为郡。这次起义虽然被镇压下去,但阶级矛盾并没有缓和。刘焉父子统治益州后,仍然是"德政不举,威刑不肃",继续纵容豪强官僚侵夺百姓。"士大夫多挟其财势,凌辱小民",所以蜀地百姓作乱的情况非常普遍。

为了解决这个"乱"的局面,诸葛亮采取了"先理强,后理弱"的方针。先理强就是限制、打击"专权自恣"的豪强官僚,后理弱就是扶植农民发展生产。

厉行法治是诸葛亮治蜀的一个重要手段，把限制、打击豪强官僚的不法行为，作为一个重要方面。正因为诸葛亮把这些人也当成了行法对象，从而引起了他们的不满和反对。他们攻击诸葛亮"刑法峻急"，是不"度德量力"，要求诸葛亮"缓刑弛禁"。时任蜀郡太守的法正也出来替他们说话，劝诸葛亮说："从前汉高祖入关，除秦苛法，约法三章，宽禁省刑，关中父老百姓，都感念他的恩德。如今我们刚用武力占据益州，还没有垂恩德于地方，就施用权威。按着主客的关系，我们也应该多行点恩德，把刑罚、禁令放宽些，以安慰他们。"

诸葛亮说："你是只知其一，不知其二啊。秦时的情况是暴政虐民，逼得人们起来造反。汉高祖针对这一情况，采取了宽刑弛禁的办法，这是对的。现在益州的情况则不同，刘璋暗弱，从刘焉以来就德政不行，威刑不肃，放纵地方豪强官僚，使他们专横跋扈、为所欲为，君臣之道逐渐被破坏。宠爱他们，给予高位，官位高了，他们反而不觉得可贵；顺从他们，施以恩惠，恩惠到顶，他们反而轻慢无礼。这就造成一些弊病。现在我们威之以法，法行之后，人们才能知道什么是恩德；限之以爵，爵加之后，人们才会感到爵位的尊荣。行法和恩赐相辅而行，上下秩序才能正常。法治的成效，就从这里体现出来了。"

诸葛亮在执法时，能够不避权贵，不徇私情，注意依法行事，而不随心所欲。

早在刘备死前，其养子刘封（时为副军将军）守上庸等地，关羽围攻襄樊和受困于荆州时，几次要他发兵配合和救援，他都托词加以拒绝，有意不去。关羽的覆败，刘封负有不可推卸的责任，因此"先主恨之"。刘封还依势"侵凌"统兵控制汉中以东三郡的孟达，也是促使孟达投降曹魏的原因之一。刘封又在西城太守申仪背叛时，败逃回成都，上庸太守也投降了曹魏。因此，三郡的丢失，刘封也有责任。刘封犯下如此严重的罪行，理应受到严处，当刘备"责（刘）封之侵（孟达，又不救（关）羽"时，诸葛亮没有因为刘封属于皇亲国戚而劝刘备宽恕他，并且考虑到刘封"刚猛，易世之后终难制御"，建议刘备将刘封处死。

武陵人廖立，诸葛亮认为他和庞统一样都是"楚之良才"，刘备以其为长沙太守。孙权派兵攻打荆州三郡时，他未加抵抗就逃走了，刘备未加深责，以他为巴郡太守。刘备称汉中王时，以其为侍中。刘备死后，廖立为长水校尉。校尉次于将军，廖立对此非常不满。他自命不凡，不可一世，认为自己是诸葛亮第二，应当掌管朝政，可现在使他落在李严等多人之后，心里经常快快不快，还在刘备梓宫之侧抽刀杀人，以发泄心中的不满。他利欲熏心，"诽谤先帝，疵毁众臣"，肆意攻击蜀汉的大政方针，指责诸葛亮任用的官吏都是"俗吏"，将领们都是"小子"，挑拨群臣不和。诸葛亮得知情况后，认为他的行为不仅仅是对人、对事的不同看法，而是属于"乱群"行为，危害很大，于是上表刘禅弹劾廖立。

刘禅见表后，下诏将廖立徒往不毛之地。于是诸葛亮将廖立罢官，流徙汶山郡（今四川汶川西南）。

再如南阳人来敏，是东汉光武帝中兴功臣来歙的后代，父亲来艳，灵帝时为司空。来敏很有学问，擅《左氏春秋》，刘备、诸葛亮以其为典学校尉，掌管教育，又为太子家令。刘禅即位以后，为虎贲中郎将。诸葛亮北驻汉中，提拔他为军祭酒、辅军将军，地位不算低。但来敏好争荣利，与群僚不和，公开反对诸葛亮选用"新人"的政策，扬言说："新提拔上来的人，有什么功绩和德行，而夺我的荣誉地位给他们，大家都憎恨我，为什么会这样呢？"诸葛亮对来敏"年老狂悖"，不顾大局，有害于政策贯彻执行的做法很是不满，上表罢了他的官，要他闭门思过。

又如襄阳人马谡，才华卓越，好谈论军事，诸葛亮对其十分器重。北伐时提拔他为参军。一出祁山时马谡为前锋，违犯军令，不听诸葛亮的作战部署，被曹军打得大败，损失严重。诸葛亮不顾马谡是自己亲信的人，按军法将其处死。蒋琬来到汉中，对诸葛亮说："天下未定，杀戮智能之士，岂不可惜吗？"诸葛亮回答说："孙武之所以能够制胜于天下，就是由于他的军法严明。现在刚开始和敌人交兵，就因人而使军法受破坏，怎么能够讨伐敌人呢？"可见诸葛亮以法治军的态度是非常坚决的。

还有襄阳人向朗，诸葛亮很器重他，以他为丞相府长史。诸葛亮南征时，留他在丞相府，统理后方事务。北伐时，让他随军出征。马谡失街亭逃跑，向朗由于和马谡私交很深，"知情不举"，以私害公。诸葛亮也不留情面，把他罢官，令还成都。后来根据他的情况，又起用为光禄勋。

诸葛亮还弹劾顾命大臣李严（后改名为李平），使他被削职流放。

李严是蜀汉的重要大臣，刘备死前为犍为太守、辅汉将军。刘备临死时他与诸葛亮同受遗诏辅佐刘禅，是另一位顾命大臣，一正一副，其地位仅次于诸葛亮。刘禅即位后，封李严为都乡侯，假节，加光禄勋（掌领宫廷宿卫）。公元226年，转为前将军，领兵屯驻江州。诸葛亮与李严二人互相尊重，关系比较协调。公元230年，李严迁为骠骑将军。为了防备曹魏进攻汉中，诸葛亮命李严将兵二万人赴汉中，以李严的儿子李丰为江州都督督军，接替李严领兵屯驻江州。公元231年，诸葛亮领军北伐，以李严为中都护，负责管理汉中丞相府事务。但李严在品德上有严重缺陷，诸葛亮也听到了一些官员的意见，陈震在出使东吴时，曾向诸葛亮反映李严的问题，说"正方（李严字）腹中有鳞甲"，诸葛亮对一些人的意见没认真处理。

诸葛亮第四次北伐出祁山时，李严在汉中负责监督催促供应前线的军需物资（主要是粮食）。时值雨天，运输不便，在军粮供应不上时，他不但不设法赶运军粮，反而派参军马忠（又称狐笃）、督军成藩到前线假传圣旨，要诸葛亮退兵。当诸葛亮退兵后，他又假装吃惊，责问诸葛亮说："军粮还很充足，为什么就退兵了呢？"欺骗不明真相的将士，把北伐失利的责任推得一干二净。另一方面，他又向后主刘禅上表说："我们退兵是假的，目的是引诱敌人出来，再与其交战。"不仅如此，他还想杀掉督运粮食的将领岑述，同样是推脱自己的责任。李严的这种不以军国之事为重，贻误军机，耍两面派手段，弄虚作假，企图逃避罪责、嫁祸于人的做法，被诸葛亮发觉，他感到事情非常严重，必须加以制裁。

诸葛亮搜集详细证据，将其罪行查清，把李严有关的亲笔书信文书及其本末全部公布出来。李严在铁的事实面前，无法抵赖，只得承认罪行。诸葛亮上表刘禅，要求处置李严。

时年二十五岁的刘禅看到这一奏章后，全面地了解了李严的罪行和大臣们的态度、意见之后，将李严削职为民，流放梓潼郡。

诸葛亮对李严的处理，是严肃认真、小心谨慎的，并没有夹带着个人的恩怨，完全是从维护国家的根本利益出发的。

致力人和

为了治理好西蜀，完成北伐曹魏大业，诸葛亮很注意维护统治集团内部的团结。

刘备攻取成都时，马超从汉中来投奔，关羽写信给诸葛亮，问马超的才能可以跟谁相匹敌。诸葛亮针对关羽的高傲自负，回答说："孟起（马超字）文武双全，雄烈过人，是一代俊杰，够得上黥布、彭越一

类的人物，可以和翼德（张飞字）并驾齐驱，然而不及美髯公的超群绝伦。"关羽看过之后，非常高兴，扬扬得意地把信给将吏和宾客们传看。诸葛亮这样称赞关羽，虽然不能说纯属溢美之词，但也有顺情说好话之意。其用心是为了协调两员大将之间的关系，避免在关羽、马超之间产生矛盾。

刘备称汉中王后，以关羽为前将军，张飞为右将军，马超为左将军。由于黄忠在争夺汉中时立了大功，刘备想以黄忠为后将军，与关羽等处于同一个等级。诸葛亮考虑到关羽的性情，对刘备说："黄忠的名望，向来与关羽、马超不能相比，如今却令他们同列，平起平坐。马超、张飞当时在近处，亲眼看到了黄忠的战功，还可以理解汉王的用意，而关羽在远处，听到这个消息，恐怕不会高兴的。汉王这样安排黄忠，大概不太妥当吧？"刘备回答说："我自然要对此事加以解释。"于是把黄忠与关羽等人安排在同一等级的位置上。

正如诸葛亮估计的那样，当刘备派费诗将拜关羽的敕令送往襄樊前线时，关羽十分不满地说："大丈夫终不与老兵同列！"由于诸葛亮的提醒，刘备派费诗去时已让他有所准备。费诗劝解关羽说："从前萧何、曹参和汉高祖年幼时就有交情，而陈平、韩信是逃亡来汉的，论定官位次序时，韩信居最高位，没听说萧何、曹参因此事而抱怨。如今汉王根据一时的功劳，使汉升（黄忠字）的地位尊宠，然而他在汉王心里的轻与重，怎么能和将军等同呢！况且汉王与将军如同一体，忧乐同享，祸福共当，我要是将军，就不会把计较官号的高低、爵禄的多少当作心事。

三国时期的文物

我不过是个使者，奉命行事的人，将军如果不接受任命，我就这样回去，但是为将军这个举动而痛惜，恐怕将军会后悔的！"关羽听后大为感动，并且有所省悟，马上接受了任命。

刘巴很有才能和智谋。诸葛亮对刘备说："运筹于帷幄之中，我不如子初（刘巴字），比他差远了。至于击鼓指挥部队，誓师军门，激励将士，使他们乐于冲锋陷阵，这还可以让人们评议我俩的高下。"刘备进入成都时，将士们把库藏财物给分了，致使军用不足，刘备很是忧虑。刘巴献策说："解决这个问题也不难，只要铸造些直百钱，平抑物价，由官吏把官市管理好就可以了。"刘备按他的办法去做，不长时间，府库就充实起来，可见刘巴还有经济头脑。然而，刘巴自命不凡，特别高傲，张飞尊重他，到他家里拜访，他不加理睬，连话都不同张飞说，张飞很是气愤。

诸葛亮得知这一情况后，主动去劝刘巴说："张飞诚然是一介武人，但尊敬仰慕足下。主公（指刘备）当前正在广泛招纳文武，以便完成大业。足下虽然禀性高雅，但也应该随和些，和张飞搞好关系。"刘巴回答说："大丈夫处世，当广交四海英雄，和一个武夫有什么好谈的？"

刘备听说此事后，非常生气地说："我想定天下，刘子初专和我作对。他是想回到曹操那里去，借道于此，哪是真心帮助我成就大事呢？"可是张飞反倒很有度量，对刘巴的态度仍然如初。他虽然生刘巴的气，但并没有到刘备那里去告状，仍与刘巴正常共事。针对这一情况，刘备只好又说："刘巴才智绝人，看来要不是我，别人很难驾驭他呀！"诸葛亮和刘备软硬兼施，使刘巴的态度有所转变，后来代替法正为尚书令。

诸葛亮还十分注意调解魏延、杨仪之间的复杂关系。

魏延"善待士卒，勇猛过人"，被刘备提拔为汉中太守后，对汉中重镇的防务很为重视。他创立"围守"御敌的方法，即在汉中一线依地势建起围寨，积粮屯兵，"敌若来攻，使不得入"，后来在抵御魏军进攻中发挥了重要作用。诸葛亮北伐曹魏时，魏延建议偷袭长安，诸葛亮没有同意。因此，他常说诸葛亮胆量太小，"叹恨己才用之不尽"。对此，诸葛亮并未计较。公元230年，魏延率军入羌中，大败魏军，诸葛亮上表提拔他为前军师、征西大将军，进封南郑侯。

杨仪很有政治才干，刘备称汉中王时，提拔其为尚书。刘备称帝后，杨仪因与尚书令刘巴不和，被降职。刘禅即位后，诸葛亮以其为参军。诸葛亮北伐时，杨仪随军北上，被提拔为长史加绥军将军。诸葛亮每次出征，杨仪留守汉中，指挥调度有方，筹备粮草，保证前线供应，军队戎旅的约束调度，大都由杨仪安排处理。

魏延、杨仪一武一文，身居要职，为蜀汉立功不小。魏延勇猛善战，有胆略，但骄傲自大，人们都不敢冒犯他。杨仪熟谙军国计策，很精明，然而心胸狭窄，对魏延毫不忍让。因此，二人不和，经常争吵，魏延甚至拔刀相威胁。

在这种情况下，诸葛亮"深惜仪之才干，凭魏延之骁勇"，经常为他们两人不和而感到遗憾，不忍心在他们之中偏袒一方而废弃另一方，都委以要职，发挥其特长，并且注意协调他们之间的关系，在百忙中抽出时间写了《甘戚论》，主张"贵和"，来教育他们，感化他们，希望他们能够团结。但"二子不感"，并未感悟。诸葛亮又示意有辩才的费祎多次出面调解魏延、杨仪之间的矛盾，最终取得了一定效果。尽管两人的矛

汉中古栈道，诸葛亮北伐必经之地

盾没有得到彻底解决，但诸葛亮能这样苦心调解也是十分难得的。

在治理西蜀过程中，诸葛亮为了维护封建国家的政治稳定、政策统一，使官员间保持和谐一致，除对那些危及军国大计、妨碍政策贯彻执行的官员采取不同方式加以镇压制裁外，对那些私心较重、心胸狭窄、争名夺位、与同僚不和、只犯一般错误、危害不大的官员，不管级别高下，采取直接或间接的办法，加以说服教育，协调他们之间的关系，减少内耗，争取他们克服缺点或改过自新。尽管这些做法有的成效不大，个别的还发展成为"窝里斗"（如后来的魏延同杨仪），但总的看来是成功的。

发展生产

西蜀地区在邵俭以及刘焉父子统治时期，由于政治腐败，官府豪强横征暴敛，人民生活困苦不堪。诸葛亮自建安十九年（214年）进入成都，至建兴五年（227年）开始北伐曹魏，有十三年时间能够比较集中精力治理西蜀，恢复遭到破坏的经济。

诸葛亮为了维护蜀汉的统治，增强国家的经济力量，供应军事上的需要，在积极进行政治改革的同时，也注意发展生产，利用当地的自然条件，广开财源，尤其是推行"务农殖谷"的政策，促进农业经济的进步。

在农业方面，起于布衣参加过农业劳动的诸葛亮，深知农业是富国强兵的根本，是发展经济、安定百姓、维护封建统治的经济基础。因此，他确定了"唯劝农业，无夺其时，唯薄赋敛，无尽民财"的方针。这也是诸葛亮"理弱"的立足点。

当时广大劳动人民是国家赋税的主要承担者，特别是其中男耕女织的自耕小农。诸葛亮要求各级官吏重视农业，不要妨碍农民及时耕种和收割，要减轻赋税，防止官吏过度勒索，抑制豪强任意兼并土地。平时，注意与民休息，不烦扰百姓；战时，利用空隙时间，"休士劝农"，分兵屯田，实行"兵农合一"，以减轻农民负担。

水利是农业的命脉，是农业发展的重要环节。诸葛亮对水利非常重视。

成都平原的都江堰，是当时规模最大的水利灌溉网，是成都平原农业生产的命脉。此堰建于战国时期，使蜀地免受旱涝之害，成为天府之国。诸葛亮对它极为重视，认为"此堰是农业的根本，是国家的资源"。他专门设置"堰官"精心管理，还征发一千二百名壮丁，常驻堰区，负责保护和维修，提高灌溉能力，使它在农业生产中发挥更大的作用。当时的广汉郡、蜀郡，是农业高产区，稻谷能够亩收三十斛左右，相当于今天亩产八百斤左右。

屯田主要是在汉中地区。诸葛亮北伐进驻汉中后，招募农民在这里屯田。后来诸葛亮率军出斜谷，占领五丈原（今陕西岐山县境内），又在渭南地区分兵屯田，以便久驻。

他还大力发展手工业和盐铁生产，多种途径发展经济，增加国家收入，为北伐做准备。

在手工业方面，盐铁生产直接关系着人民的生活和国家的收入。东汉时期"罢盐铁禁，令民煮铸"，豪强地主和大工商业者掌握盐铁经营权，使国家的财政收入减少。刘备、诸葛亮占据益州后，重新恢复了盐铁官营政策，设置"司盐校尉""司金中郎将"等官职，负责管理盐铁生产和兵器、农器的制造，不准豪强和私家开采煮铸。

西蜀地区的煮盐业，在汉代就已经很发达，在临邛（今四川邛崃）、广都（今四川双流）、什邡等县，都有盐井。蜀人已经熟练地掌握了煮盐技术。有的地方已能用火井（天然气）煮盐。据张华《博物志》记载："临邛火井一所，从广五尺，深二三丈……诸葛丞相往视之，后火转盛热，以盆盖井上，煮盐得盐。"又据《山川纪异》记载，蜀国诸葛盐井有十四口。

这些记载虽然不能说完全符合历史实际，但反映了诸葛亮对煮盐业的重视，注意总结火井煮盐的经验，并加以推广。从成都市郊汉墓出土的盐井画像和砖图像，可以看到当时井盐生产的大体情景。盐井在山里，井上搭起相当高的架子，架上安着滑车，工人站在架上利用滑车吊桶提取卤水，然后用枧筒把卤水引入盐锅里去煮制。

盐铁业的发展，必然促进冶金、冶炼技术的提高。在此基础之上，诸葛亮发明了蒲元刀等武器，大大提高了蜀军的战斗力。

仁寿这个地方有铁山产铁，诸葛亮曾利用它铸造兵器。他还"采金牛山铁铸剑"。特别值得注意的是冶炼技术的进步。有一个叫蒲元的蜀汉官吏，是炼钢能手，他熔金造器，特异常法，相当有名。秦汉时期，人们已经掌握了淬火等热处理技术，使制造出来的兵器相当坚韧和锋利。蒲元在斜谷为诸葛亮制造兵器时，发现水质不符合淬火要求，专门派人去成都取水。他给诸葛亮造刀三千把，为了试验刀刃的锋利程度，用竹筒装满铁珠，用刀砍筒，竹断珠裂，被称为神刀。

经过诸葛亮的提倡和管理，西蜀的盐铁事业有了相当发展，史书记载说，"蜀汉司盐校尉较盐铁之利，利人甚多，有裨国用"。

鼓励农桑，大力发展养蚕织锦等事业，"出口"至魏吴。甚至魏吴宫内的绸缎织锦都是蜀国生产的，可见蜀锦的产量已经相当可观。

蜀锦（丝织品）是益州地区的特产。锦纹分明，绮丽多彩，不仅实用，而且美观。诸葛亮积极鼓励种桑养蚕织锦，使蜀锦的生产有了很大发展，出现了像晋代诗人左思在《蜀都赋》中所描述的"圜阓之里，伎巧之家，百室离房，机杼相和"的景象。大批蜀锦远销吴、魏，成为蜀汉财政收入的一项重要来源。诸葛亮自己就曾说："决敌之资，唯锦耳。"后来蜀国灭亡，库中还存有锦绮、彩绢各二十万匹，可见蜀锦的产量是相当惊人的。

诸葛亮既重视开源，也注意节流。西蜀地区原来奢侈的风气很盛，官僚地主家庭生活奢侈，甚至婚姻、丧葬都要"倾家竭产"来办。诸葛亮反对奢侈浪费，提倡节俭，主张"丰年不奢"，平时注意储备，以防灾荒。

汉末嗜酒成风，消耗大量粮食。为了节约防灾，诸葛亮在刘备在世时就规定：旱灾之年"禁酒"，不仅"酿酒者有刑"，就连有"酿具"者，也要受罚。这种政策既有利于在灾年克服缺粮的困难，又有利于改变"时俗奢侈"的风气。

诸葛亮还认为，超出庶人生活水准的享用，属于奢侈的范围。如"金银璧玉"，非庶人之"所用"；"锦绣纂组"，非庶人之"所服"；"雕文刻镂"，非庶人之"所饰"；"重门画兽"，非庶人之"所居"。

诸葛亮要求蜀汉官吏要"清心寡欲，约己爱民"。要想节俭，官吏必须廉洁，因为忠、廉、俭是紧密联系在一起的。能够忠于国家、体察百姓疾苦的官吏，往往是为政清廉，为政清廉也就能够注意节俭；反之，不注意节俭、奢侈浪费的官吏，往往为政不会清廉，也就不会关心百姓疾苦、忠于国家。

由于诸葛亮重视发展经济，注意节俭，经过多年精心治理，使贫弱的西蜀地区出现了"田畴开辟，仓库充实，器械坚利，蓄积丰饶"的景象，阶级矛盾比较缓和，为稳定蜀汉的政治统治和进行北伐的军事行动，打下了比较牢固的物质基础。

治理西蜀

任人唯贤

"举秀才，不知书，察孝廉，父别居；寒素清白浊如泥，高门良将怯如鸡。"这是东汉时期流行的一首民谣，它讽刺揭露了当时任人选官的弊端，选出的士人不是不知书的"秀才"，就是怯如鸡的"良将"。

诸葛亮治蜀，非常重视选拔人才，一反东汉"亲小人，远贤臣"和刘璋选士不注重贤能的弊端，任人唯贤。他举"贤"的标准是：一方面要有才能，能在治理国家中起作用；另一方面要忠于刘氏政权，品行纯正，工作认真负责，能廉洁奉公。因此，诸葛亮在治理西蜀的过程中，注意选拔和任用一些有才能并忠于蜀汉政权、能够贯彻他倡导制定的方针政策的官员，把他们安排在重要的岗位上，发挥他们的作用。

诸葛亮任人唯贤，不以资历出身为限。如巴郡人张嶷（字伯岐），出身低微，刘璋时官位不高，刘备时为州从事，诸葛亮见他很有才能，"识断明果"，并有"忠诚之节"，提拔他为越嶲郡太守，前去处理本郡复杂的民族关系。张嶷到郡后，"诱以恩信，蛮夷皆服，颇来降附"，在贯彻诸葛亮的和夷政策方面起了不小作用。

又如王平（字子均），出身士卒，"手不能书，其所识不过十字"，原是曹操手下小军官，刘备征汉中时投降刘备。由于他肯于学习，"遵履法度，言不戏谑""忠勇而严整"，又是一员有实践经验的将领，在街亭之战时立了功，诸葛亮提拔他为讨寇将军。在以后同曹魏的战争中，王平发挥了不小作用。

再如蒋琬（字公琰），本是荆州一个缮写文书的小吏，随刘备入蜀,任广都县长。刘备到广都视察时,发现他不理众事,饮酒沉醉,想加罪于他。诸葛亮认为蒋琬是个大才,劝刘备说:"蒋琬是国家栋梁,不是仅治百里(指一县)地方的人才。他为政以安民为本,不以修饰为先。"刘备敬重诸葛亮,对蒋琬乃未加罪,只给予免去官职的处罚。

诸葛亮辅佐刘禅后,先以蒋琬为东曹掾,然后提拔他为参军,北伐时以其为长史,加抚军将军,负责留守成都,支援前线。蒋琬"常足食足兵,以相供给"。诸葛亮称赞说:"公琰志向忠诚高雅,应该是与我共同辅助帝王以成大业的人。"并且密表后主刘禅,推荐他为自己的接替人,说:"我一旦有不幸,身后的事应交给蒋琬承担。"诸葛亮死后,蒋琬掌握朝权,能够继承贯彻诸葛亮的施政方针,处理国家大事比较稳当,使蜀汉政治有了一个相当长的稳定时期。

还有姜维(字伯约),也是诸葛亮破格提拔起来的人才。姜维是天水冀县人,在本郡当小官。诸葛亮第一次北伐时,姜维归降。诸葛亮很赏识他的才能,以其为仓曹掾,加奉义将军,当时他只有二十七岁。诸葛亮在给张裔、蒋琬的信中称赞说:"姜伯约对大业忠诚勤奋,思虑问题精细周到,考察他所具备的才能,永南(李邵字)季常(马良字)那些人都比不上他。这个人是凉州的高明之士。"又说:"姜伯约在军事方面非常机智能干,既有胆识、深明大义,又对兵法很有研究。这个人心里想着汉室,才能超过常人。"后来诸葛亮提升姜维为中监军、征西将军。诸葛亮死后,姜维肩负北伐重任,成为蜀汉后期的重要将领。

对于确有才能的人,诸葛亮能够不计较资历,加以破格提拔。如杨洪(字季休),原来是犍为太守李严手下一个官位较低的功曹。当刘备北攻汉中急需援兵时,诸葛亮向杨洪征求意见,发现他很有政治头脑,立即表奏他为蜀郡太守,官位与李严同列。杨洪属下的书佐(缮写文书的小吏）何祗（字君肃），有才干，并有进取精神，数年之间，诸葛亮把他提拔为广汉太守。而当时杨洪还是蜀郡太守，两人官位一样高。每当朝会，何祗与杨洪平起平坐，杨洪开玩笑说："你的马怎么跑得那么快呀？"何祗回答说："不是我的马跑得快，而是你没有快马加鞭啊！"这件事被传为美谈。杨洪"忠厚清明，诚恳信实，为公事忧虑如同自家的事一样，事奉继母极为孝顺"。诸葛亮以其为忠节将军。

总之，诸葛亮在用人实践中，是注重德才兼备标准的。像张嶷、王平、蒋琬、姜维、杨洪等，不仅有智慧才能，而且是忠诚、忠勇，有品德节操的"贞亮死节之臣"。

主客并用

诸葛亮用人，继续贯彻初入益州时采取的"取人不限其方"、搞"五湖四海"的方针，打破地区和集团的界限，而且随着情况的变化，更注意从益州地区物色选拔人才，使本地人的地位有所提高。

诸葛亮任用提拔的官吏，可以说是来自四面八方，情况各异，有早期跟随刘备的北方人士（如赵云、刘琰），有跟随刘备入川的荆楚人士（如陈震、蒋琬），有原来刘璋手下的官员（如李严、费观），有益州土著原来未做官的人士（如杨洪、柳伸），还有魏国归顺的降将（如王平、姜维）。但总的来看，本地人略居多数，改变了刘备时期客籍人士偏多的情况。

蜀地主要几个郡的郡守，基本上由本地人担任。如杨洪、张翼为蜀郡太守，何祗、马齐为广汉太守，李邈、王士为犍为太守。

在高级将领中，客籍人士仍然居于主导地位，主籍人士的比例略有增加。如，赵云（征南将军、镇东将军）、魏延（前将军、征西大将军）、姜维（征西将军）、陈到（征西将军）、辅匡（镇南将军、右将军）、刘邕（后将军）、刘琰（后将军、车骑将军）等高级将领属客籍，但本地人李严（前将军、骠骑将军）、吴壹（左将军）、吴班（后将军）也加入了这一行列，较之刘备时期有很大变化。

诸葛亮不仅注意任用提拔各方面的有用之才，而且注意调动发挥他们的智慧才能，"集思广益"就是一个集中的体现。诸葛亮在治蜀、南征、北伐过程中，一直重视"斟酌损益，进尽忠言"，以"裨补缺漏，有所广益"，认为君主应该实行"纳言之政"。他常规劝后主刘禅，不要堵塞忠谏之路，要听取不同意见、采纳正确主张。

他在处理军政事务时，很注意听取属下的意见。在丞相府专门设置了"参署"这个机构，发挥谋略群体的作用，让参谋僚属们充分发表意见。第一次北伐失败之后，诸葛亮发布《劝将士勤攻己缺教》，号召部下经常指出自己的缺点和错误。他说："我军在祁山、箕谷，数量都多于敌军，但没有取胜，反而为敌军所败，其毛病不在于兵少，而在于统兵将领，主要是在我个人身上。现在我打算减兵省将，严明赏罚，深思过错，研究将来如何制胜的办法。如果不这样，虽然兵多，又有什么益处呢？从今以后，凡是忠虑于国的人，要勇于指出我的缺点。这样，大事可以成功，敌人可以消灭，不用多长时间就有望大功告成了。"

诸葛亮"任人唯贤"的政策是成功的。益州地小人少，文化比中原地区相对落后，人才较缺乏。习凿齿说："蜀僻陋一方，才少上国。"袁准说："蜀汉小国贤才少。这是符合实际的。在这种情况下，诸葛亮贯彻"任人唯贤"的方针，挖掘益州地区人才，发挥其作用，被当时人们称赞为："是以西土咸服诸葛亮能尽时人之器用也。"

人存政举，人亡政息，这是中国封建社会中常见的现象。由于诸葛亮选用的人才比较合适，所以，在他去世之后，他的政策方针能够得以延续下去。

诸葛亮临死前向后主推荐了两位接替自己的人，一是蒋琬，一是费祎。

蒋琬，零陵湘乡人，赤壁战后，以州书佐的身份随刘备入蜀，初为广都县令，而常感不展其志。一日，刘备出巡广都，见他不理政事，喝得烂醉，大怒，欲严刑处死。后来诸葛亮替他求情，并称赞他说："蒋琬是国家的栋梁之材，而非平庸之辈。他推行政务皆以安定百姓为根本，也不会用表面功夫来敷衍，希望主公能再三考虑。"刘备才不再追究蒋琬的过失，只是免去蒋琬的官职。

蒋琬受到处罚之后，晚上梦见一头牛，扭头在门前，流出一大片血，内心十分厌恶，叫占梦的赵直解梦，赵直说："但凡梦中看到血，说明事情见了分晓。牛角和牛鼻，像一个'公'字，您的官位必定会晋升到公卿，大吉的征兆啊。"过没多久，蒋琬就升职为什邡县令，以试其才。刘备称帝后，蒋琬升任尚书郎。

费祎，字文伟，江夏人，是刘璋的表侄，游学入蜀。在刘备占据益州后，他先后任太子舍人、庶子，伴侍东宫。在刘禅即皇帝位后，任黄门侍郎。他也是诸葛亮较早赏识的人才之一。诸葛亮南征平叛回来时，百官在城外迎接，他们中有些人年龄和官位在费祎之上，而诸葛亮只让费祎与他同乘一车，可见他对费祎的器重。后来诸葛亮数次将出使吴国的重任交给费祎，费祎均圆满地完成了使命。孙权也看中了费祎，说他必定能成为蜀国的干才。诸葛亮先后提拔他为侍中、参军、中护军、偏将军、司马。诸葛亮北伐期间，魏延与杨仪不和，费祎从中排难解纷，起了不小作用。

诸葛亮死后，蒋琬、费祎先后主持朝政，继承诸葛亮的方针政策，蜀国的统治比较稳定。

诸葛亮生前还提拔董允为侍中领虎贲中郎将，统领宿卫亲兵。诸葛亮死后，董允在后主刘禅身边，能够上则"正色匡主"，对后主有所规劝，下则数责宦官黄皓，使他"不敢为非"。

《华阳国志》记载：蜀人把诸葛亮、蒋琬、费祎、董允称为"四相"，又号"四英"。这也表明诸葛亮在选拔培养人才方面的成功。

治理西蜀

出师未捷

诸葛亮去世后，按照他的遗嘱，蜀军把他的遗体安葬在定军山（今陕西勉县南）。定军山是当年蜀、魏两国交战的战场，蜀军曾在这里大破魏军，斩杀魏国大将夏侯渊。诸葛亮不要求葬在蜀国都城成都，而是选择前方战场作为墓地，表达了他志在统一、壮志未酬、埋骨沙场的壮烈情怀。诸葛亮在遗嘱里还交代，他的丧葬应力求俭朴，依山形造坟，墓穴大小只要能容纳一口棺木就行。入殓时，只穿平日便服，不放任何陪葬器物。

兴师南征

刘备死后，蜀汉政权面临着极大的危机：强曹在北，仇吴在东，国力大大削弱，内部也很不稳定，南中叛乱不断。诸葛亮正是在这样一个时刻，受命开始总理蜀汉的军政事务。

魏主曹丕闻知刘备死去，认为有机可乘，听从司马懿之计，调五路大军，围攻西川：第一路，曹真取阳平关；第二路，反将孟达从上庸进犯汉中；第三路，东吴取峡口入川；第四路，南蛮王孟获进犯益州四郡；第五路，西羌番王轲化进犯西平关。

消息传到成都，蜀汉朝廷为之震动。诸葛亮因病不能视事，后主刘禅亲往相府探病问计，诸葛亮笑着对后主说："四路敌兵，臣已退去了。马超守西平拒羌兵，魏延以疑兵阻南蛮孟获，李严写信给孟达使其称病不进，关兴、张苞在重要的地方屯兵三万作为各路策应。东吴孙权自不会轻举妄动，我们只需派一能言善辩的人去东吴，说明利害，东吴自然先退了。"果如诸葛亮所料，四路进犯之兵都纷纷败退。同时，为了执行联吴抗曹的战略，诸葛亮选派很有外交才能的邓芝出使东吴，经过邓芝艰辛而卓绝的努力，在客观形势的推动下，终于使吴蜀这相互仇视的两大政治集团重新携起手来。

吴蜀重新缔结盟好关系，是诸葛亮外交政策的重大成功。它不但把一个强大的仇敌化为盟友，而且牵制了曹魏的军事威胁。这样，诸葛亮就能全力搞好蜀汉内部事务，同时，积极准备解决当时已成为蜀汉政权威胁的南中叛乱问题。

南中的少数民族为什么要叛乱呢？而诸葛亮为什么又要自己亲自带

兵出征呢?

在蜀国的南部地区,相当于今天的云南、贵州和四川南部一带,当时叫南中。这里居住着许多少数民族。很早以来这些少数民族就与内地的汉族有经济、文化交流,并同汉族一道开发祖国的西南地区。到西汉武帝时,曾在这里设置了四个郡,到东汉时又加设了第五个郡。这一带物产丰富,被称为"金银宝货之地",但交通十分困难。

汉代统治者对这些地区治理的加强,促进了中原与此地经济、文化的交往,但是繁重的税收和各种掠夺也随之而来,使当地百姓不堪忍受,奋起反抗。一些当地的豪强地主、首领为争权夺利,拥兵割据,使这里的情况十分复杂混乱。一位蜀国官吏劝诸葛亮不要随军出征,他说:"丞相,南中向来被视作不毛之地,疫病流行。您主宰一国朝政,不应冒险前往,不如另派一位将军。"

诸葛亮知道这位大臣也是为国事考虑,但征讨南中,事关巩固蜀汉后方和民族和睦的大局,派别人去,他很不放心,还是决定亲自率军出征。

建兴三年(225年)三月的一天,成都郊外阳光和煦,草绿花红,正是春游踏青的好日子。风光佳处,锦江两岸,游人如织。但是在城内的校阅场上,四十五岁的蜀国丞相诸葛亮却在举行蜀军盛大阅兵式,只见一队队身强体壮的战士,随着一声声号令,变换着各种战阵,喊杀声直冲云天。一个个飒爽英姿的战将,跨马飞驰,互相砍刺,比武较量。

演武结束后,诸葛亮宣布:我们将出兵南征,平定南方异族叛乱,以安定后方,为以后北伐打基础。

诸葛亮向出征的将士宣布:"两年前,先帝(刘备)不幸在白帝城病逝,不少地方豪强乘机捣乱,想搞垮我们。益州的雍闿就是其中的一个。他杀掉我们益州郡的太守,又把继任的太守扣押后送到了东吴。雍闿还接受了吴国的任命,公然闹分裂,投靠了东吴。当时我国遭大丧,不便出兵，我曾让人写信劝雍闿，叫他悬崖勒马，停止叛乱活动。雍闿居然说：天无二日，民无二王。现在天下有三个朝廷，我们也不知道该听谁的。更可恶的是，他在西南地区各族百姓中散布谣言，胡说官府要向当地百姓征收胸前全黑的乌狗三百条，螨脑三斗。这些东西都是很难找到的，甚至根本找不到的。这是故意挑动百姓不满。他还利用当地民族首领孟获去各地散布流言，使整个南中地区骚动起来。将士们，对雍闿这样背叛朝廷的败类，我们必须予以严惩，我决定亲自率军征讨！"

大军出动后，蜀国朝中百官纷纷前来送行，一直到成都郊外后，才告别回城了。但参军马谡送了几十里地还未返回。

诸葛亮拉住马谡的手说："你追随我多年，这次我远征，你有什么好的建议吗？"

马谡说："南中叛乱的人，仗着南中地势险要，离成都遥远，早就不服朝廷管理。这次出兵，我们即使把他们打败，以后还会反复的。我听说用兵之道，攻心为上，攻城为下；心战为上，兵战为下。丞相这次南征，一定要做到使南人口服心服，这样南中才可能长治久安。"马谡的话，是符合诸葛亮早在《隆中对》中就提出来的"西和诸戎，南抚夷越"的方针的。

诸葛亮分兵三路进军南中地区，由于蜀军经过长期训练，兵精粮足，又注意军纪，一路进军作战节节胜利。

出兵不久，叛乱集团内部发生分裂内讧。叛军首领雍闿被部下杀死。孟获代雍闿做了主帅。孟获是当地少数民族首领，此人有勇无谋，但在当地汉族和少数民族中是很有威信和影响的人物。

七擒孟获

诸葛亮根据他对民族问题以和抚为主的总政策，把军事压力作为和平解决问题的手段，决定对孟获实行招抚、争取的对策。下令军中，战斗中只许生擒孟获，不许伤害他。

孟获见蜀军大兵逼近，就起兵迎战。蜀将王平跟他对阵。开战不久，王平掉转马头往后退走，孟获驱兵前进，沿一条山路追赶。忽然喊声大起，蜀兵从两旁杀出。孟获中了埋伏，只得引兵败退。蜀兵紧紧追赶，把孟获给活捉了。

军士们把孟获押到大营，诸葛亮马上叫人为他松绑。诸葛亮平心静气地问孟获："朝廷一向对你们不错，你们为何要反叛朝廷？"孟获只是低头不语。诸葛亮又说："你已战败，又被生擒，还有什么话好说？"

孟获说："初次交战，我不小心中了你们的埋伏，我怎么能服气？"

诸葛亮说；"你既然不服，我放你回去怎样？"

孟获说："你放我回去，我整顿兵马，还和你交战。你再擒住我，我就服你。"

诸葛亮事先已让部下放走了孟获的士兵，这时又用酒饭招待了孟获，并把战马、刀剑交还给他，打发人把他送出了营寨。

众将见丞相放走孟获，纷纷问道："捉住孟获，南方就可以平定了，丞相为什么把他放了呢？"诸葛亮说："从军事力量的强弱而言，我军捉孟获并不难，难的是要让他心服，这样南方才能长期安定。"有些将领听了，多有不解。不久，孟获又领兵，再次来战。开战不久，因内部发生分裂，部将乘孟获酒醉时，把他捆绑了又押送到诸葛亮大营。诸葛亮仍是心平气和地问孟获："你上次说过，再被捉住，便肯投降。今天怎么样？"

孟获说："这不是你的本事，是我手下人害我，我怎么能服你？"诸葛亮坦然地说："我再放你回去，愿意吗？"

孟获说："如丞相肯放我回去，我一定率兵和你决一雌雄。如果再被捉住，我心服口服。"

诸葛亮再次用酒饭招待他，酒足饭饱后，还亲自陪同他参观蜀军营寨、储存的粮草和兵器。诸葛亮边走边问孟获："你看我军阵势如何？"孟获一看，蜀军确实阵容强大，军纪严明，士气旺盛，心中暗暗佩服诸葛亮治军有方。但口头上仍不服气，他说："以前我不知道蜀军的虚实，现在实地看了蜀军的阵势，也不过如此，真要硬打硬拼，还不知道谁胜谁负呢。"

诸葛亮爽朗地说："既是如此，你就请回，改日再战。"

孟获回去之后，又连续和诸葛亮一战再战，孟获总共打了七次，被擒了七次。最后一次，诸葛亮把孟获请来援助自己的藤甲军引到一个山谷中，截断了他们的归路，然后放火烧山。只见满山满谷烈火熊熊，把孟获的将士烧得焦头烂额，叫苦连天，孟获第七次被俘。

诸葛亮回到大营中，把孟获等人送到另一营帐，用酒席招待他们。招待完后派人告诉孟获："丞相不好意思再和你见面了，特意让我来放你回去。你可以重新整顿兵马，再来决定胜负。"

孟获听后流下了眼泪："七次被俘，七次放回，这是自古以来没有过的事，我怎么还敢和丞相作战呢？"

孟获带领部将，来到诸葛亮大营请罪，他诚恳地说："丞相天威，我们再也不冒犯了。"诸葛亮拉着孟获的手说："这样就对了。"劝他们安心回家，恢复和平的生活。

诸葛亮对少数民族首领采取的安抚政策，不但感动了孟获这样的民族首领，也争取了南中地区的各族百姓。

这年秋天，三路蜀军在滇池（今云南昆明市南）会师，结束了南征。战争结束之后，诸葛亮出人意料地让一些曾经反抗过蜀军的少数民族首领继续担负管理地方的责任。有人问诸葛亮，这样做是否妥当？能放心吗？还不如另派官吏来管理。

三国时期的文物

诸葛亮解释说："另派官吏有三个不便之处。一是如留下官吏，就要留下士兵，而边地交通不便，军粮会接济不上；二是双方刚刚打过仗，死伤了一些人，他们的子弟难免有些怨恨，如果留下官吏不留兵，一定会发生祸患；三是各部落之间也有互相械斗残杀的事，如果留外地人，人家就会怀疑到蜀军官兵身上。现在决定不留兵，也不需要留粮食，让当地百姓自己管理自己，各族相安无事，这不是最大的好事吗？"众人听了无不叹服丞相的远见卓识。

为了巩固南中的安定，诸葛亮在少数民族地区实行了一系列政治改革和发展经济措施，扩大和健全了郡县制，推行部曲制度。重视南中盐铁业和商业的发展，推广汉族先进的农业耕作技术，传授织锦技艺。动员大量人力修复久已不通的道路和沿途的驿亭，方便商人、旅客来往。

诸葛亮回师成都时，还商请一部分民族首领到朝中任职。如孟获后来被任命为御史中丞（主管监察百官）。还有两人被封为将军。有民族首领在朝中做官，对稳定南中地区的民族关系，起了很好的作用。南中地区的战士作战勇敢，诸葛亮还选拔了一部分，调到蜀地，组成新的蜀军。

为了南中的长治久安，诸葛亮把南中四郡分为六个郡，安排一些熟悉当地情况、声名好、善处民族关系的官员去担任太守，以便更好地协调各民族之间的关系。

南中地区政治局面安定下来后，诸葛亮又开始恢复发展当地的经济。南中过去被称为不毛之地，不少人还过着原始的刀耕火种生活。南中安定后，诸葛亮派人到当地传授先进的农业、手工业技术，实行牛耕，种桑植谷，建立集镇。派人指导煮盐、冶铁、织锦。政治的安定，经济的恢复、发展，不但促进了南中各民族的融洽相处和生活改善，蜀汉由此也增加了财源、兵源。南中出产的金、银、耕牛、战马等源源运到蜀中，成为蜀国北伐的物质保证。

这些措施和政策既巩固了蜀汉政权，又促进了南中少数民族地区的经济发展和社会变革。诸葛亮的和抚政策是历史上很好的民族政策，至今我们仍享用着诸葛亮这位伟大智者的遗泽。

北伐曹魏

南中平定之后，诸葛亮解除了后顾之忧。开始把主要精力转向他一生为之奋斗的主要目标：北伐曹魏，统一天下。

建兴四年（226年），诸葛亮已经是四十六岁的中年人了。他常常想到日月如梭，而自己壮志未酬，便更加抓紧时机练兵讲武，不敢有丝毫的懈怠。

就在这一年，魏文帝曹丕病死了，二十二岁的太子曹睿即位，史称魏明帝。

魏国政局的变动，对吴、蜀两国都是一个有利的时机。吴王孙权，先发制人，两次派兵攻打曹魏。

诸葛亮一看时机成熟，决心出师北伐。但出师之前，他不得不把朝中的政事做仔细安排。

这时蜀国的皇帝后主刘禅，是个吃惯了"省心饭"的君主，事事依靠诸葛亮，凡事不动脑子。

出师的前夕，诸葛亮向后主刘禅上了一份奏章，这份奏章一直流传下来，被后人称为《出师表》。

诸葛亮在这份奏章中表明了自己的心志，他说："先帝（指刘备）开创帝业没有完成就中途逝世了。现在天下分成三国，而蜀国的力量最为薄弱，这实在是危急存亡的关头。然而，在宫廷里，侍从护卫的大臣毫不懈怠，忠心耿耿的将士在外面舍生忘死，这是出于追念先帝生前对他们的特殊恩遇，想要报答陛下。陛下应该广泛地听取臣下的意见，以发扬光大先帝遗留下来的美德，振作志士们的勇气，不应过分地看轻自己，讲些不合情理的话，以致堵塞臣子向您进谏的道路。皇宫里的侍臣和丞相府里的属官应是一个整体，对他们的提升惩罚、奖励贬斥，不应该两样看待。如有违法乱纪或尽忠为善的，应交主管官吏评断，以显示陛下治国的公正严明。不要有所偏袒，使宫廷内外执法不一。"

接着诸葛亮又交代说："侍中郭攸之、费祎，侍郎董允等人，都善良诚实，志向忠贞，因此先帝才选拔他们留给陛下任用。我认为，宫廷里的事情，无论大小，都要同他们商量，然后实行，这样，有利于弥补缺漏。将军向宠，善良公正，又通晓军事，过去试用他的时候，先帝称赞他很能干，因此大家推举他担任都督。我认为军营中的事，都应该同他商量处理，一定会使军队内部和睦，优劣各得其所。"

出师未捷

说到这里，诸葛亮想到历史上用人的经验教训，又说："亲近贤臣，疏远小人，这是前汉之所以兴盛的原因；亲近小人，疏远贤臣，这是后汉之所以衰败的原因。先帝生前，每当和我谈论这件事，没有一次不对桓、灵两帝时的黑暗政治表示痛心和遗憾。侍中郭攸之、费祎，尚书陈震，长史张裔，参军蒋琬，这些人都是忠实贤良、能以死报国的臣子，希望陛下能亲近他们，信任他们，这样，汉朝的兴盛就可以很快到来了。"用人问题是诸葛亮反复向刘禅进言提醒的要点。

交代好宫中的政务，目的在于安定后方，同时，诸葛亮又表达了自己出师北伐、铲除凶顽、兴复汉室、还都洛阳的决心。他很动感情地说："我本来是个平民，在南阳耕种田地。生在乱世，只求苟全性命，没有想到要在州郡诸侯中显身扬名。先帝不嫌我的地位卑贱，降低身份，三次到草庐来，向我询问当世大事。因此，我对他衷心感激，答应为他奔走效劳。后来，正好遇到荆州大败，我受任于败军之际，奉命于危难之间，至今已有二十一年了。先帝知道我为人小心谨慎，所以在临终时把国家大事托付给我。自接受委托以来，我日夜忧虑叹息，深恐辜负先帝的知人之明，所以我在五月间率军渡过泸水，深入不毛之地远征。现在南方已经安定，我们兵精粮足，应当鼓励三军，北定中原。我愿竭尽全力，铲除凶顽，兴复汉室，打回旧都洛阳。这是我报答先帝，并效忠陛下所应尽的职责。"

最后他坚定地表示："希望陛下把讨伐奸贼、复兴汉室的重任交给我，如果完不成，那就治我的罪，以告先帝在天之灵。一想到先帝过去的遗诏，我就感到受恩非浅，不胜感激。现在我就要远离陛下去进军了，写完这份奏章，我心情激动，泪流不止，不知道自己所说的话是否恰当……"

这份《出师表》内容真实反映了诸葛亮开明智慧的政治思想和统一中原的远大抱负，抒发了他的忧国忠贞之情。

为了迷惑曹军，诸葛亮采用声东击西的办法：先放出风声，说蜀军要由斜谷（今陕西眉县西南）出兵，去攻打郿城（今陕西眉县北），后派赵云、邓芝带领一支军马作为疑兵，进军斜谷南面的箕谷。诸葛亮自己则率领主力军，向西北方向的祁山（今甘肃西和县西北）扑去。诸葛亮的声东击西打法，果然调动了敌军。

蜀军要进攻郿城的情报传到魏都洛阳，魏明帝赶忙派大将军曹真总督大军，出兵抗蜀。他自己也到长安去坐镇。当曹军把主力放在东线时，蜀军向西线发动攻击，所向披靡，一举攻下了曹魏所属的天水等地（在今甘肃），魏将姜维到诸葛亮军前投降，诸葛亮很高兴地接纳了他。北伐的开局取得了胜利。

然则，马谡大意失街亭，几乎使这次北伐的成绩丧失殆尽。

泪斩马谡

诸葛亮取得初战胜利后，屯兵西县（今甘肃天水西南），为扩大战果，决定派先锋率军占领街亭（今甘肃庄浪西南）。

当时，蜀军中老将只有赵云还健在，但领兵在箕谷。诸葛亮身边可用的将领还有魏延、吴懿等。将士们本以为丞相会派魏延当先锋，没想到却选中了马谡。

马谡自幼熟读兵书，过去也出过一些好的主意，但是有言过其实的弱点，也缺乏实践经验。然而诸葛亮因一直对马谡印象不错，常常和马谡讨论军事，有时谈到深更半夜，似乎要把自己的生平所学，都传授给马谡。

临行前，诸葛亮又再三叮嘱马谡："街亭地方虽小，却是战略要地。如果街亭失守，牵一发动全身，就会导致我军全线败退。你虽然有谋略，可是街亭既没有城郭，又没有险阻，守起来是很难的。"

马谡说："我读了这么多兵书，又跟随丞相多年，行军作战的事都知晓了。街亭如守不住，我甘愿受处罚。"说罢，当即立了军令状。

诸葛亮又向副将王平交代说："你要记住，营寨要安在重要路口，使敌军不能通过。安好营寨后，画在地图上速速送给我看。遇到急事，你们两人要商量着办。守住街亭，就是一大功劳。"

马谡、王平到了街亭后，魏军还未到来。王平说："乘魏军没有来到，我们速速在路口安营扎寨，准备迎战。"

马谡说："路口哪是下寨的地方？旁边那座山，和四面都不连接，树木又多，可在山上安营。"

王平说："丞相交代过，要把营寨安在路口，四面筑起寨墙，敌军就难以通过了。如果屯兵山上，魏军攻来，四面围住，切断水源，不用攻打，我军就会自乱阵脚。"

马谡却说："你真是少见多怪。兵书上说，居高临下，势如破竹，置之死地而后生。如果魏军围住，切断水道，我军势必拼死下山，以一当百，必然杀退敌军。我熟读兵书，好多事丞相都和我商量，你怎么不听我的呢？"

王平无奈，只好要求马谡拨给他一部分兵马，驻扎在山下，以便相机策应。

魏军大将张郃率军打到街亭，发现蜀军把营寨安在山上，马上命将士切断山下的水源，把蜀军围困在山上。蜀军在山上既喝不上水，又做不成饭，被围了几天，又饥又渴，便自乱阵脚。张郃抓住时机，向山上发动猛攻。蜀军纷纷逃散，马谡摇旗呐喊，根本指挥不动，只好率亲随杀出重围，逃回祁山。王平见山上蜀军阵脚大乱，只好冒死向魏军反攻，终因兵力太少，只好边打边撤，召集马谡的散兵归队，撤回祁山。

马谡、王平等回到汉中，诸葛亮先叫王平进帐，责备说："我命令你同马谡驻守街亭，为何不随时给他提出建议，以致耽误了大事？"王平说："我再三劝告，主张在要道口筑起土城，安营把守，参军不肯采纳。我因此带了五千兵马，离开那座山十里驻扎。魏兵来的时候，把山四面围住，切断我接应的道路，冲杀了十几次，都不能冲进重围。丞相不信，可问各部将校。"

诸葛亮又叫马谡进帐。马谡自我捆绑跪在帐前，诸葛亮变了脸色说："你从小就读兵书，熟悉兵法。我又屡次嘱咐你，街亭一地事关重大，你以全家的性命担保，接受了这一重任。你如果早听王平的话，哪会有这场大祸？现在损兵折将，失地陷城，都是你的过失！倘若不严正军纪，怎能使众人心服？你既犯罪，也不能怨我。你死了以后，全家老小，我按月给予生活照顾，你不必挂念。"说完，就命令部下推出斩首。

马谡哭着说："丞相待我像自己儿子，我也把丞相当作父亲。我的死罪，实在已经难以逃脱，只希望丞相照顾我儿子，虽死也不悔恨。"说完了放声大哭。诸葛亮流着眼泪说："我与你义同兄弟，你的儿子好比我的儿子，请你放心。"手下的人把马谡推出辕门外，刚要斩首，参军蒋琬从成都来，见武士要斩马谡，大惊，高叫："刀下留人。"立即进帐对诸葛亮说："现在天下尚未平定，杀了有用的人，岂不可惜？"诸葛亮流着泪说："春秋时大军事家孙武之所以能取得胜利，就在于他赏罚严明。如今倘若不重视军法，怎能讨伐敌人？应当立即斩首。"

过了一会，武士献上马谡的头，诸葛亮大哭不止。蒋琬说："马谡犯罪，既已按照军法处理，丞相为何还哭？"诸葛亮说："我不是哭他，是想起先帝在白帝城临危之时，曾嘱咐过我，马谡不可重用。现在果真如他所说，因此深恨自己用人不当。追想先帝的话，怎不痛哭？"帐下大小将士听了，也无不流泪。

空城退敌

话说街亭失守后，诸葛亮知道此次北伐大势已去，便下令全线撤退。为防魏军乘势追击，他把关兴、张苞两员小将唤到帐前："你们二人各带三千人马，在武功山小路两侧布置疑兵。如果魏军来到，敌众我寡，切不可战，只大声击鼓呐喊，用疑兵计吓退他们即可。然后，急奔阳平关，撤回国内。"

又把张冀叫来布置："引部分军兵，快速修理剑阁通道，为大军准备退路。"

然后传令：大军悄悄收拾行装，分别从各自驻地快速撤回国内。

诸葛亮的中军营地现在西城县内，这是个弹丸小城，易攻难守。待诸葛亮把身边人马分派出去执行紧急命令之后，城中就近于空地了。正要拔寨撤离，忽然十几匹马飞跑进城来，马上士兵大汗淋漓、气喘吁吁地报告："司马懿亲率十五万大军，已向西城扑来，而且马上就要到了！"

这时，诸葛亮身边只剩下一些文官，连一员武将也没有。士兵也大多派出去了，只留有两千老幼病残，根本无法作战。

众官员听到这消息，一个个吓得面无血色，一句话也说不出来。很明显，战不能战，逃也逃不掉。此地路径狭窄，唯一大道已为司马懿占住。再加上辎重行李多，马匹车辆少，逃不出几里，就会被魏军铁骑追杀殆尽。

诸葛亮也十分紧张，忙登上城楼向外望。果然，西北方向尘埃冲天蔽日，已隐隐有大军奔走声如沉雷般动地而来。尘头起处更不时闪现魏军旗号，招摇挥动。

诸葛亮稍一沉吟，马上传下命令：把城内所有旗帜全放倒，藏匿起来。城内士兵，各自隐在驻地房舍、围墙内，不许乱动乱叫，如有违令不遵者，立斩！然后，又下令：大开东南西北四面城门，每一门前，派二十名老少军兵打扮成老百姓模样，洒水扫街，不许神色慌张、举措不当。如果魏军冲到城前，也不能退入城内，仍要一如既往。

众人不解其意。

诸葛亮微微一笑，胸有成竹地说："我自有退兵之法，你们不必惊慌。"说罢，披一件印有仙鹤图案的宽大长衫，戴一顶绸布便帽，让两个小童抱着一张琴、一只香炉，随他登上城楼，靠着楼上栏杆端端正正地坐下，点燃香。然后，闭目养了会儿神，再缓缓睁开眼，虚望前方，安然自得弹起琴来。

这时，司马懿统领的大兵已来到城下。先头部队见到这种情形，都不敢贸然前进，急忙向司马懿报告。

司马懿不相信，以为部下看花了眼：诸葛亮怎么打扮成道士模样，不领兵拒敌，反而悠闲地在城头弹起琴来？于是命令三军暂且停止行动，自己则飞马跑到城下，远远观望。

果然，城楼上诸葛亮笑容可掬地端坐，在袅袅上升的香烟间，旁若无人、安然自得地正沉浸在自己所弹奏的琴音中。他左边的童子，手捧一把宝剑；右边的童子，则拿着一把拂尘。城门口处，有二十余名老少百姓正低头洒扫街道，有条不紊，不惊不慌。

司马懿看了许久，听了很长时间，无论从对方人物的表情动作，还是诸葛亮所弹出的琴声中，都看不出丝毫破绽。

其子司马师道："我们应即刻冲杀进去，活捉诸葛亮。他分明是故弄玄虚，西城肯定是座空城。"

其他将士也纷纷要求进兵攻城。

司马懿凝然不动，仍静静谛听。忽然他神色一变，露出紧张模样，忙下令："后队改作前锋，先锋变为后队，马上撤退！"

众人不解——眼前并没有什么异常情况。

司马懿怒道："马上撤退。违令者斩！"

众将士狐疑不明，却只好遵令撤退。

直到撤离西城远了些，司马懿才心有余悸地解释："诸葛亮这个人和我打过多年仗了。他一生做事十分谨慎，从不做没把握的事，更甭说干冒险的事了！今天大开城门，故意显出是座空城，让我们白白拿走并轻易把他捉住，这里就肯定有埋伏，是个骗局！我军若贸然轻进，必中其计。"

司马师问："父亲一直凝听静立，后来并无动静，您为什么突然撤军呢？"

司马懿冷笑道："当统帅、做大将的人，必须善于观察天地之间的运行变化，了解人间世上的各种知识。我听到诸葛亮琴音，初始平和恬淡，却突然昂扬激越，渗出一股杀机。分明要动手、出兵了！再不走，难道让他围住，四面挨打不成？"

司马师及众将觉得有理，但仍不十分信服。不料，才走不远，刚进入武功山，猛听得山坡后杀声震天，鼓声动地，伏兵顿起。众将大惊。

司马懿道："刚才若不及时撤退，必中其计了。"话音未落，只见旁边大道上一军杀来，旗上大字："右护卫使虎翼将军张苞"。

一见是西蜀有名战将、当年威震寰宇的张飞的儿子打杀过来，魏兵心惊胆战，纷纷弃甲抛戈而逃。

逃不多远，山谷中又喊杀声起，鼓角喧天，尘埃万丈。一杆大旗上写着："左护卫使龙骧将军关兴"。魏兵一见是关云长之子，更是魂飞魄散，哪敢接战！

本是山地，喊声杀声在谷中回荡，似乎漫山遍野均有蜀国兵马。烟尘大起，蔽日遮天，内中旗帜招展，刀枪闪耀，更似乎是天兵天将！

魏军不敢久停，忙丢掉辎重粮草，仓皇而逃。

张苞、关兴也不追赶，只将魏军丢弃的辎重物资拣起，迅速撤退了。

再说西城中的诸葛亮，见司马懿带兵急忙退去，轻轻长吁一口气，用手拭去额头上的冷汗，笑了起来。

诸葛亮笑道："兵法云，知己知彼，方可百战不殆。司马懿知我一生谨慎，从不弄险，所以见今天这情况，就判断我在用计、骗他入城。所以反而慌忙退走了。而我知司马懿了解我的一贯作风，所以便借用这种心理，乘机算计了他。也是知己知彼才敢如此啊！若换上司马昭或曹操统兵，我绝不会如此的。"众人叹服。

"不过，司马懿也确是知我之人。如果不是实在没别的办法，我也不会用这险计的。实在是万不得已呀！"诸葛亮道。

众人佩服得五体投地，又后怕不已。

司马懿退兵，一直退回街亭，和曹真的大军汇合在一起时，才放下心来。而此刻，蜀国各路军已安然无恙地撤回本国了。司马懿于是又带一支人马来到西城，问及当地居民，才明白自己"聪明反被聪明误"，误中诸葛亮之计。当得知当时诸葛亮所处的危险境地，他的所作所为及张苞、关兴其实只有少数人马，虚张声势而并不敢真正交锋时，不觉由衷叹赞："诸葛孔明之才，我不如也！"

诸葛亮斩了马谡，即写奏表给刘禅，自动请降职三级。为了尊重法令，刘禅把诸葛亮降职为右将军，仍教他负丞相的责任，并派费祎到汉中传达命令。费祎怕诸葛亮羞愧，见了先祝贺说："蜀中人民听说丞相获得四县，非常高兴。"诸葛亮变了脸色说："这是什么话？得了又失掉，等于没有得到，你以这话来向我道贺，真使我惭愧。"

费祎又说："最近听说丞相得了姜维，皇上非常喜欢。"诸葛亮生气地说："兵败回来，不曾夺得半寸土地，这是我的罪过。得了一个姜维，对于魏国有甚损失？"费祎又问："丞相现在带领雄兵几十万，还可以再讨伐魏国吗？"诸葛亮说："过去大军驻扎在祁山、箕谷的时候，我兵多于对方，还不能取胜，可见兵不在多，而在于主将是否会用。现在我想缩兵减将，闭门吸取教训，思考下一步改进的方针。否则，即使兵多，又有何用？从今以后，谁有治国的好主意，可以多多指出，并及时责备我的错处，事情就可以做好了。"费祎等人听了，都十分佩服。

诸葛亮于是在汉中，加紧制造攻城渡水的器材，聚集粮草，准备战船，部署下一步的战斗计划。

木牛流马

三国之中，蜀国地盘最小，人口最少，经济最落后，论综合国力，它远远比不上曹、吴。但是，诸葛亮为什么能多次兴兵北伐并取得赫赫战果呢？这在很大程度上依赖于诸葛亮在政治、经济和军事上的才干。在政治上，他选贤任能，加强法治，营造了吏治清明的政治局面，有效地凝聚了民心，为北伐奠定了群众基础；在经济上，他鼓励农耕，引进先进的生产技术，提高了产量，为北伐奠定了物质基础；在军事上，他精练士卒，演练阵法，尽管全国军队仅约四十万人，战斗力却很强，常能以少胜多。此外，诸葛亮还鼓励科学发明，并将这些先进的工具、武器用到经济上或军事上。除"诸葛连弩"这项新武器外，"木牛流马"也是一项重要发明。

建兴九年二月，诸葛亮率大军攻魏，围祁山，大败司马懿于西城。六月，粮尽退兵。为了解决军粮以便继续北伐，诸葛亮劝农讲武，令军在当地屯田，供应驻军粮草。

一日，长史杨仪报告说："如今粮米都存在剑阁，人力牛马搬运不方便，怎么办呢？"

诸葛亮笑道："我已运筹谋划很久了。把以前所积存下来的木料，加上在西川收买下的大木，拿去教人们制造木牛流马，非常方便。这些'牛马'全都不用饮水，可昼夜运输，非常轻便。"

众人听了很是惊奇，道："从古到今，从来没有听说什么木牛流马的事。不知丞相有什么妙法，能造出这般神奇之物？"

诸葛亮说："我已经下令让人依照图样制作，还未完工。我现在先把木牛流马的原理、尺寸方圆、长短窄阔写下来，你们大家来看一下。"

众人大喜。诸葛亮便在一张纸上写下，拿给众将观看。众将看了一遍，都拜服了，说道："丞相真是神人啊！"

过了几天，木牛流马造好了，竟像活的一样，上山下岭，都十分方便。众军士见了，真是无不欢喜。诸葛亮命令右将军高翔带一千兵，驾着木牛流马，从剑阁直达祁山大寨，往来搬运粮草，供给蜀军之用。

却说司马懿正在愁闷，忽然哨马来报告说："蜀军用木牛流马转运粮草，人不大劳，牛马不食。"司马懿大惊道："我之所以坚守而不出战，正是因为蜀军粮草接济不上，而等待他们自入绝境。如今他们使用这种办法，肯定是要长久作战，不打算退兵了。这可怎么办？"于是急忙叫来张虎、乐林二将吩咐道："你们到斜谷小路边埋伏，等蜀军赶木牛流马过来，你们就从他后面杀出，抢他三五匹回来。"二将领令而去。

二人依令各引五百军，扮作蜀兵。夜间偷过小路，伏在谷中，果然高翔引兵驱木牛流马而来。将次过尽，两边一齐鼓噪杀出。蜀兵措手不及，弃下数匹。张虎、乐林欢喜，驱回本部。

司马懿看了，果然进退如活的一般，于是高兴地说："你诸葛亮会用木牛流马，难道我们就不会用了吗？"于是命令能工巧匠一百多人，当面拆开，按照这些"俘虏"的长短尺寸以及规格标准设计制造木牛流马，不出两月，就生产出两千多只。由于采用的是诸葛亮的制造方法，司马懿的木牛流马也一样行走自如。于是，曹军也使用这些东西运送粮草，工作效率也很高。

却说高翔回见诸葛亮，说魏兵抢夺木牛流马五六匹去了。诸葛亮笑说："哈哈，我就是要他们抢走的，正好中了我的计谋。各位不要着急，用不了多久，曹军就会给咱们送粮草过来，咱们的问题马上迎刃而解。"诸将问说："丞相怎么知道的呢？"诸葛亮说："司马懿见了木牛流马，必然依我法度，一样制造。那时我又有计策。"

数日后，人报魏兵也会造木牛流马，往陇西搬运粮草。诸葛亮大喜说："果然不出我的意料，一切都在掌握之中。"便唤王平吩咐说："你带着人马扮作曹军，连夜渡河去北原，就说是巡粮军，直接到存储粮食的地方，将看守粮草的曹军尽皆杀散，然后赶着木牛流马回来，过了北原之后，曹军的追兵大概也就赶来了。你不要跟他们交锋，只要将木牛流马口内舌头扭转，牛马就不能行动了，你不要管这些牛马，尽管走你的。背后魏兵赶到，牵拽不动，扛抬不去。我这时再有兵到，把曹军打败，这时就再回去将牛马舌头扭过来，把粮草运回来就行了。曹军肯定会疑惑不解。"王平受计引兵而去。

诸葛亮又吩咐张嶷："你带领五百人，都扮作六丁六甲神兵，鬼头兽身，用颜料涂面，去魏兵面前扮神弄鬼。一手拿着旗帜，一手持宝剑，身上挂着葫芦，里面放些焰火之类的东西，埋伏在山脚下，待木牛流马到时，放起烟火，大家一起出来，把木牛流马以及粮草运走。魏兵看到这种情况，必定疑神疑鬼，不敢追赶。"张嶷受计引兵而去。

诸葛亮又吩咐魏延、姜维："你们俩人共同带领两万士兵，去北原寨口接应木牛流马，以防交战。"又吩咐廖化、张翼："你们二人带领五千精兵，去断司马懿来路。"又吩咐马忠、马岱："你们俩带人去魏营前挑战。"六人各自遵令而去。

魏将岑威引军驱木牛流马，装载粮米，正行之间，这时有人报告前面有兵巡视粮草。岑威让哨兵仔细察看，果然是魏兵巡视粮草，这才放心前进。

忽然喊声大震，蜀兵从本队里杀起，大呼："蜀中大将王平在此！"魏兵措手不及，被蜀兵杀死大半。岑威难以抵敌，被王平一刀砍死在马下，剩下的士兵被杀的杀、逃的逃，溃不成军。王平带领人马驱赶着木牛流马回去复命。败兵飞奔报入北原寨内，郭淮闻军粮被劫，赶忙引军来救。王平令士兵扭转木牛流马舌头，把木牛流马抛弃在道路之上，边战边退。郭淮看见粮草便不再追赶，打算把木牛流马赶回去。

众军一齐驱赶，却哪里驱赶得动？郭淮心中疑惑，正无可奈何，忽然间鼓角喧天，喊声四起，两路兵杀来，正是魏延、姜维二将。这时王平也杀了一个回马枪，二路夹攻，郭淮大败而走。王平让军士将牛马舌头重复扭转，驱赶而行。

郭淮看见牛马又可以行走，打算再回头追赶，这时看到山后边有一队神兵拥出，一个个手执旗剑，十分怪异，并驱驾木牛流马，像一阵风似的走了。郭淮大惊说："肯定有神仙帮助蜀军！"众军听了，无不心惊，哪敢追赶。

就这样，蜀军轻轻松松夺得了魏军的大批粮草。

智取姜维

在北伐过程中，诸葛亮收降了陇西名将姜维，很是高兴，从心里喜欢这位有胆有略、临危勇任的青年。他有意把姜维培养成自己北伐事业的接班人。

姜维，字伯约，本是魏天水郡人。少年时丧父，事母至孝。他自幼受家庭影响，颇有"复兴汉室"的思想。他又熟读兵书，精通武艺，是个文武全才。

姜维当过凉州刺史从事，深通兵法，好学不倦，有胆有识。诸葛亮在汉中准备北伐时，早就听到过姜维的情况，可惜无法把他引到蜀国来。诸葛亮还曾这样设想：如果蜀国将领中，有姜维这样忠于"复兴汉室"而且文武双全的人，我一定要把他培育成我的军事方面的继承人。然而，在蜀国他苦于找不到这样的人，为此感到分外的苦恼。

正当此时，一个很好的机会到了。这就是建兴六年春第一次北伐时，魏国的天水、南安和安定三郡，都投降了蜀国军队，姜维的家属也在其中，这就给诸葛亮带来了见到姜维并设法争取他到蜀国来的可能性。

诸葛亮想利用反间计，把姜维收归麾下。

诸葛亮考虑到姜维的才智，便决定亲自带领前部兵马，向天水出发。到了城边，看见天水城上旗帜整齐，未敢轻易进攻。等到半夜，四面喊杀连天，又见城头上鼓噪呼应，正不知道从哪里来的兵马，只见蜀兵纷纷逃窜。诸葛亮急忙上马，由关兴、张苞保护着杀出重围。回头看到正东方向一带火光，形状像条长蛇，就命关兴前往探听。关兴回来说："这是姜维的兵马。"

诸葛亮感叹地说："兵不一定要多，在于人会调配，姜维真是将才。"说罢收兵归寨，想了好久，问当地人："姜维的母亲住在哪里？"有人说："住在翼城。"诸葛亮立即吩咐魏延："你带一支兵马，虚张声势，假装攻打翼城，如果姜维到了，可以放进城去。"接着又教赵云带一支兵马攻打天水的粮草所在地。

消息传到天水城里，姜维哀求马遵拨给他三千兵马去救翼城，马遵答应了，就派梁虔带三千人马听姜维指挥。姜维带兵到了翼城，遇见魏延，两下交战几个回合，魏延假装战败逃走。姜维进城拜见老母，便牢牢守城，并不出战。不久后，天水郡为蜀国军队占领。占领天水之后，诸葛亮派人四处放风，说姜维已在翼城投靠了蜀国。

马遵听到姜维投降蜀国的消息，心里恐慌极了，平日他就不信任姜维，这时姜维更成了怀疑的对象，认为姜维必有异心，便立即抛开了他，连夜逃亡到了上邦，闭门坚守，以防姜维等人的暗算。这时姜维本人，还被蒙在鼓里，等到他发觉郡守已经逃入上邦，便连忙从翼城追到上邦，在城下大叫，要求入城，不料城上的守兵，不但不放他进城，还大骂他是出卖魏国的罪魁祸首，对他乱箭齐发。

姜维本来还没有投降蜀国的想法，被马遵等人这样一逼，只好连夜赶回他的家乡翼城。不久后，诸葛亮又带兵攻打翼城。姜维在城上见到蜀军大小车辆尽是粮草，便带领部下出城抢劫。蜀兵见了也不抵抗，只是抛弃粮草就走。姜维夺了，正要回翼城，哪知城池已被魏延拿下，只好逃走。

当时姜维手下只剩十多个人，沿途又遇到张苞杀了一阵，后只剩得匹马单枪，一时走投无路，只得向长安走去。走不了几里路，一片喊声，几千个军士从树林里冲了出来，为首的乃是关兴。

姜维非常疲倦，没法抵挡，回马就走。忽然一辆小车从山坡后推了出来，诸葛亮端坐车上，摇着羽毛扇，见了姜维就说："伯约，为何还不投降？"姜维心想，前面有诸葛亮，后面有关兴，没路可走，只好下马投降，请葛亮连忙下车迎接，握住姜维的手说："我自从出山以来，总想找个有才能的人，将我一生所学的东西传授，只恨未有适当的对象，如今遇到伯约，总算满足了这一心愿。"姜维大喜拜谢。

自从诸葛亮得到了姜维，他的心情着实高兴，感到姜维这个人的才能与品德，完全符合他军事继承人的条件。为了培育姜维，诸葛亮认为必须使蜀国的官吏、将领同他建立感情，特别是诸葛亮信任和用心培育的张裔、蒋琬等人，必须能同姜维团结一致，共同对敌。

姜维刚入蜀军，威望自然不行。诸葛亮为了提高他的威望，做了一番努力。

首先，姜维刚到蜀国，诸葛亮就请求后主任他为奉义将军，封当阳亭侯。

接着，诸葛亮又连续给长史张裔和参军蒋琬写信，盛赞姜维"忠勤时事思虑精密"，可以说是凉州地区的第一流人才。还说姜维"敏于军事，既有胆略"，又"深解兵意"；特别是他"心存汉室""习兼于人"，难能可贵。

最后，诸葛亮还命姜维在军事训练之余，抽空去到成都，晋见后主。

所有这一切，都是诸葛亮有目的、有计划地提高姜维的地位，密切他同蒋琬等人之间的关系，促进后主对他的了解。好让姜维在他死后，能得心应手地担当起北伐曹魏之大业。

功高不居

蜀汉建兴七年（229年）四月，吴王孙权昭告天下，登基称帝。他改元黄龙，以建业（今南京市）为京都，国号仍为吴。史称孙权为吴大帝。那个时候诸葛亮第三次北伐刚刚结束，这件事大大刺激了蜀汉群臣的神经，同时也使蜀吴的同盟关系走向了低谷。

原来孙权击败曹休大军后，东吴和曹魏的关系已完全恶化。孙权一不做二不休，干脆也称起皇帝来了。

孙权派使节到成都晋见刘禅，要求两国以平等的皇帝名义相来往。孙权登基称帝，明摆着否认蜀汉政权继承汉王朝的正统地位。蜀汉朝臣议论纷纷，大多数人表示不能承认孙权的帝位，否则恢复汉室的大业很难进行。还有人认为应该马上断绝与东吴的联系，然后出兵讨伐孙权。

蒋琬等当然反对这些激烈手段，认为两面树敌，可能危及蜀汉王朝的稳定。最后争来议去，都认为还应该由正在汉中训练军队的诸葛亮来拿主意。孙权称帝，对诸葛亮一向以"清流派"传人自居的"正统"观，也是严重挑战，可经过深思熟虑后，他上书刘禅，表明态度。他上书的大意是：孙权很早就有称帝野心，我们一直不太过于计较，是因为必须得到他的支援对付曹魏。现在我们如果公然拒绝承认，并断绝盟好，必然引来他的仇视，也许将迫使我们移师伐吴。

可是孙权手下贤才很多，绝不是短时间能讨平的，长期作战下去，必使曹魏得渔翁之利。这绝不是上策。

另外我们还可以联合孙权共同北伐曹魏，如告诉他成功后可以共分曹魏土地，并统辖其军民，他不会不答应。

就算他不答应，只要我们双方保持友好态度，使我们在北伐时没有东线之忧，使黄河以南的曹魏大军，不至于全集结在西方，这样对我们已有很大的好处了。

孝文帝以卑辞谦让应付匈奴，先帝也主张和吴国通好，这都是应权变通之道。应从国家的长远大计考虑，不要逞匹夫一时之勇。

出师未捷

因此，对孙权称帝这件事，要忍让，不能揭露，更不能因此发生冲突。

诸葛亮上书刘禅，实事求是地分析了其中的利害关系，说服了刘禅，同时也说服了意见不同的臣属。随后，他派遣卫尉陈震出使东吴，到建业祝贺孙权称帝。

诸葛亮能派使者来祝贺自己登基称帝，孙权当然很高兴。孙权盛礼接待了陈震。他和陈震协商之后，约定将来平分曹魏疆土时，西部的州归蜀汉，东部的州归吴国，并发表共同声明：戮力一心，同讨魏贼；若有害汉，则吴伐之；若有害吴，则汉伐之；各守分土，无相侵犯。

孙权称帝后不久，奉命驻江州主持大后方军事的重臣李严给诸葛亮写了一封信，建议他接受九锡，晋爵称王。

从春秋以来的体制，皇族外的臣属封王时，可享有九锡之尊，这九锡分别为：车马、衣服、乐器、朱户（大门可涂皇宫的朱红色）、纳陛（朝仪时可直上中阶）、虎贲（特种仪仗队）、弓矢、斧钺、秬、鬯（可享用特酿高级酒）。

这九种物品，非一般人所能享用，而能够受赐享用者，都是地位和权势仅次于皇帝的强藩诸侯或辅弼重臣。当年曹操就以魏王加九锡之尊，在邺城与许都的汉献帝分庭抗礼。

当时不仅是李严，朝臣中也有好多人认为诸葛亮是一人之下万人之上，接受九锡理所当然。他提出来有讨好之意，也可能有试探之心。可诸葛亮一点不含糊，立刻回信义正词严地表示拒受九锡。

他在信中告诉李严，等他北伐获胜，讨灭曹魏，复兴汉室，统一天下后，可以与群臣一同升官。现在自己未建立大功，未完成应有的职责，实在没有资格接受那么高的爵禄。

火烧上方谷

诸葛亮率兵欲在祁山久驻，便命蜀军与当地魏民一起种粮，军一分，民两分，并不侵犯，魏民都安居乐业。

司马懿的儿子司马师对他父亲说："蜀军劫去我们许多粮米，现在又命令蜀军和我们魏民一起在渭水边上屯田，打算长驻，这样下去实在是国家的大患。父亲为什么不跟孔明约个时间大战一场，以决出雌雄呢？"

司马懿道："我奉旨坚守，不能轻举妄动。"

正议论间，忽报蜀将魏延前来骂阵，司马懿只是不出战。魏延骂了半天，最后只得回寨。

诸葛亮见司马懿不肯出兵，便密令马岱造木栅，在营中挖深沟，放了许多干柴和引火之物。周围山上，用柴草虚搭了许多窝棚，里外都埋下地雷（指硫黄等易燃易爆之物）。置备停当，诸葛亮又对马岱密嘱道："要将葫芦谷后路切断，在谷中暗设伏兵，若司马懿赶到，让他进谷，然后就把地雷和干柴一起放起火来。"马岱领令而去。

诸葛亮又令一班军士白天举着七星旗在谷中，夜晚设七星灯在山上，作为暗号。接着唤魏延道："你带上五百军士到魏寨讨战，务必要让司马懿出战，但你不必取胜，只可诈败。司马懿一定会来追赶，你便往七星旗处走，若是夜间，就往亮七星灯的地方去，要引司马懿进葫芦谷，到时我自有擒他之计。"魏延受计，带兵而去。

诸葛亮又吩咐高翔："你将木牛流马分二三十或四五十为一群，装上米粮，在山路上往来行走，如果被魏军抢了去，那就是你的功劳。"高翔领计而去。

诸葛亮将驻扎在祁山的队伍都一一分派出去了，只留下屯田兵，对他们吩咐道："如果其他兵来战，你们只许假装打败，但要是司马懿亲自来了，你们才可以合力去攻打渭南，截断他的归路。"

分派完毕，诸葛亮自己率领一支兵马，靠上方谷下营。

高翔假装运粮，往来于上方谷内。魏将夏侯惠等常常截杀，半月之间，连胜数次。司马懿见蜀兵屡败，心中欢喜。一天，又捉到蜀兵数十人。司马懿问被俘蜀兵："诸葛亮现在什么地方？"兵士们说："诸葛丞相在上方谷西面十里安营。如今每天运粮屯放在上方谷。"司马懿听了，立即教人进攻祁山，等蜀兵来救，再亲自带兵攻上方谷，烧对方粮草，使蜀兵首尾不能相顾。接着又命令张虎、乐忠各带五千兵，在后救应。

司马师道："父亲为何反要攻敌人后方呢？"

司马懿道："祁山乃是蜀人的根据地，若见我军攻打它，肯定都回来救援，这时我便去取上方谷，烧掉他的粮草，让他首尾不应，必然大败孔明。"

司马师拜服。司马懿便发兵起行，令张虎等在后面救应。

诸葛亮在山上，望见魏军或三五千一行，或一二千一行，队伍纷纷，前顾后盼，料他肯定是来取祁山大寨，便密传众将："若是司马懿亲自来了，你们就去攻魏寨，夺了渭南。"

魏兵都奔祁山大寨而来，蜀军从四下里一起呐喊奔出，虚作救应之势。司马懿见蜀军都去救祁山营寨，便带两个儿子和中军护卫人马，杀奔上方谷来。

魏延在谷口，只盼司马懿来，忽见一队魏兵杀到，魏延纵马上前一看，正是司马懿。魏延大喝道："司马懿休走！"舞刀相迎，司马懿挺枪来战，不上三个回合，魏延拨马便走，司马懿随后跟来。魏延望七星旗处而走。司马懿见只有魏延一将，军马也少，便放心地追击，司马昭、司马师相随左右，一齐攻杀。

魏延带五百军退进了上方谷。司马懿追到谷口，先令人进去哨探。回报说谷中并没有伏兵，山上全是草房。司马懿道："这里肯定是囤积粮草的地方。"

于是大驱兵马，全部进入谷中。

司马懿这时忽见草房上尽是干柴，前面魏延已经不见了，心中不由犯疑，对两个儿子道："倘若有兵截断谷口，那可怎么办？"话音未落，只听喊声大震，从山上一齐抛下火把来，烧断了谷口，魏兵无路可逃。山上火箭射下，地雷一起突出，草房里干柴都着了，一时间火势冲天。司马懿惊得手足无措，跳下马抱住两个儿子大哭道："我父子三人都要死在这里了！"

正哭着，忽然狂风大作，乌云漫天，一声霹雳，大雨倾盆。于是满谷的大火，全被浇灭，地雷不震，火器无功。司马懿大喜道："不趁此时杀出，更待何时！"立即引兵奋力杀出，张虎等也带兵前来接应，与司马懿合在一处，同归渭南大寨，不想寨栅已被蜀军夺去，郭维等正在浮桥上与蜀军接战，司马懿带兵杀到，蜀军退去。司马懿烧断浮桥，占据北岸。

在祁山攻打蜀寨的魏兵听说司马懿大败，丢了渭南营寨，军心大乱，急退时，四面蜀军冲杀而来，魏军十伤八九，死者无数，残余的都奔过渭水逃生。

诸葛亮在山上看见魏延引司马懿入谷，一霎间火光大起，心中甚喜，以为司马懿这次必死。没想到大雨从天而降，火不能着，使司马父子死里逃生。诸葛亮叹道："谋事在人，成事在天。不可强求也！"

虽然上方谷一战未竟全功，但是利用上方谷地形，表现了诸葛亮作战的智慧。诸葛亮总是根据不同地形布阵设兵，在充分利用地利的条件下，以最小的代价来获取战斗成果。

病死五丈原

诸葛亮正当竭力北伐的关键时刻，忽觉心中昏乱，旧病复发。这天夜里，他带病出帐，仰头观看天文，不禁十分惊慌，回到帐中对姜维道："我的生命已危在旦夕了！"

姜维道："丞相为何说这种话？"

诸葛亮道："我看见三台星中，客星格外明亮，主星却十分幽暗。天象是这样，我的命运就可知了！"姜维说："天象虽然如此，丞相却为何不用祈禳的办法挽救呢？"

诸葛亮说："我一向通晓祈禳的方法，但并不知道天意如何。你可带四十九个甲士，每人各执皂旗，身穿皂衣，环绕在大帐外边，我自己在帐内祈禳北斗星。如果七天之内主灯不灭，那我的寿命就能够增加十二年；但如果主灯灭了，我便是一定要死了。闲杂人等，不要放进来。一切需用的东西，只叫两个小童进出搬运。"姜维领命，自去准备。

时值八月中秋，这天夜晚，银河灿灿，玉露莹莹，旌旗不动，刁斗无声。姜维在大帐外面带领四十九人守护。诸葛亮自己在帐中摆设香烛等祭物，地上分布着七盏大灯，周围环绕着四十九盏小灯，正中央是一盏本命灯。

诸葛亮拜祝道："亮生于乱世，本来宁愿终老于山野林泉。承蒙昭烈皇帝三顾之恩，托孤之重，不敢不竭尽犬马之劳，誓讨国贼，不希望我的将星现在就坠落，阳寿终结。谨写下这一幅尺素，上告苍穹，听我肺腑衷言，延长我的谋算，使得我能上报君恩，下救百姓，克复旧物，将汉朝江山永远延续下去。不敢妄想以祈祷，实是出于情真意切。"拜祝完了，诸葛亮就在帐中俯伏着，等待天明。

第二天，诸葛亮依旧抱病处理军事，仍不断地吐血。白天计议军机，夜晚则步罡踏星。

却说司马懿在营中坚守，一天晚上忽然观察天象，不由大喜，对夏侯霸说道："我看到将星错位了，孔明肯定生了病，用不了多久就要死了。你带上一千军兵到五丈原去打探一下虚实，如果蜀人攘乱，不出来应战，那诸葛亮就一定是患了重病，我们就趁势攻打他们。"夏侯霸带兵去了。

诸葛亮在大帐中祈星已经六天，见到主灯明亮，心中非常高兴。

姜维进帐来，看到诸葛亮正披发执剑，踏罡步斗，压镇将星。这时忽然听得营寨外面有呐喊之声。姜维刚要叫人出去询问，魏延突然飞步进来报告说："魏兵来了！"他脚步急快，不料带起的风将主灯吹灭。

诸葛亮一见，丢下剑叹声道："死生有命，不可得而禳也！"

魏延惶恐万状，急忙伏在地上请罪。姜维愤怒之下，拔剑便要杀魏延。诸葛亮阻止他道："这是我命该绝，不是文长的过错。"

姜维收了剑。诸葛亮吐了几口血，卧倒在床上，对魏延说道："司马懿料我有病，所以派人来探听虚实。你可立即出去迎敌。"

魏延领命，出帐上马，带兵将夏侯霸赶出大寨二十多里路才回来。诸葛亮叫魏延回本营寨去把守。姜维进帐，走到诸葛亮床前问安。诸葛亮道："我本想竭忠尽力，恢复中原，重兴汉室，无奈天意如此，我旦夕之间就要死了。我平生的所学，已著书二十四篇，共计十万四千一百一十二个字，内容是关于八务、七戒、六恐、五惧之法，我察看了所有将领，没有人可以传授，唯独你一人。请千万不要轻慢忽视了它。"

姜维哭拜着接受了。

诸葛亮又说："我有'连弩'之法，没有用过。它的方法是矢长八寸，一弓可以发出十支箭，都已画成图本。你可以根据图法去制造使用。"

姜维也拜受了。

诸葛亮又说："蜀中各条道路，全都不必多忧，只是阴平地区，千万要当心。这个地方险峻，时间久了肯定会出事。"

诸葛亮接着又叫马岱进帐来，附在他耳边，低声传了一个密令，最后嘱咐道："我死以后，你可按计行事。"马岱领计出去了。

过了一会儿，杨仪进来，诸葛亮把他叫到床前，给了他一个锦囊，秘密地嘱咐道："我死后，魏延一定会反。待他反时，你与他对阵，再打开这个锦囊，那时，自有杀魏延的人。"

诸葛亮一一调度了，便昏了过去，一直到晚上才苏醒过来，连夜表奏后主。

后主闻奏大惊，急忙命尚书李福当晚就启程到军中去向诸葛亮问安，并询问后事。李福日夜兼程来到五丈原，入帐见诸葛亮，传后主之命。

问安过后，诸葛亮流着眼泪说道："我不幸大业未成，半途死去，虚废了国家大事，得罪于天下。我死以后，你们要尽忠尽力，辅佐后主。国家以前的制度不要改变，我所用过的人，也不可轻易废掉。我的用兵之法，都已传授给了姜维，他自会继承我的遗志，为国出力。我命将要终结，得立即给天子上奏了。"

李福听完了诸葛亮的话，便辞别，匆匆地赶了回去。诸葛亮强撑病体起来，让左右的人扶他坐上小车，出寨到各营巡视，感到秋风吹面，彻骨生寒，长叹道："再也不能临阵讨贼了。悠悠苍天，到这里显得多么极远啊！"叹息了很久，回到帐中，病势更加沉重，便叫来杨仪吩咐道："马岱、王平、廖化、张翼、张嶷等，都是宁死尽忠之士，久经沙场，多负勤劳，完全可以委用。我死之后，凡事都要像过去那样依法而行，要慢慢退兵，不可过急。你深通谋略，不必我多嘱咐。姜维智勇兼备，可以决断我之后的事。"杨仪哭泣着受命。

诸葛亮叫取来文房四宝，坐在病榻上手书遗表，以告后主。

表上说："伏闻生死有常，难逃定数；死之将至，愿尽愚忠。臣亮赋性愚拙，遭时艰难，分符拥节，专掌钧衡，兴师北伐，未获成功。何期病入膏肓，命垂旦夕，不及终事陛下，饮恨无穷！伏愿陛下，清心寡欲，约己爱民，达孝道于先皇，布仁恩于宇下。提拔幽隐，以进贤良；屏斥奸邪，以厚风俗。臣家成都有桑八百株，薄田十五顷，子弟衣食，自有余饶。至于臣在外任，别无调度随身衣食，悉仰于官，不别治生，以长尺寸。臣死之日，不使内有余帛，外有赢财，以负陛下也。"

诸葛亮写完，又嘱咐杨仪道："我死之后，不要发丧。可做一个大龛箱，将我的尸体坐着放在龛中，在我口中放七粒米，脚下放一盏明灯。军中像平常那样安静，切不要举哀，则我的将星就不会坠落。我军可令后寨先行，然后一个营一个营地慢慢撤退。若是司马懿来追，你可以布成阵势，回旗返鼓与他对垒。等他来到时，就把我先前所雕的那座木像安在车上，推到两军阵前，令大小将士分列左右，一定会把司马懿给惊走。"杨仪一一领诺。

这晚，诸葛亮让人将他扶出帐来，仰观北斗，他远远地指着一颗星说道："那便是我的将星。"众人看去，只见其色昏暗，摇摇欲坠。诸葛亮用剑指星，口中念咒。咒语念完，急忙回到帐中，不省人事。众将正在慌乱之间，忽然尚书李福又来了，看到诸葛亮昏厥，已不能讲话，便大哭起来道："我误了国家大事！"过了一会儿，诸葛亮又醒了过来，睁开眼睛巡视众人，见李福站在床前，便说道："我已知先生复来之意。"

李福说道："我奉天子之命，请问丞相百年后，可任大事的人。上次因过于匆忙，忘了咨询，所以复来。"诸葛亮道："我死之后，可任大事的人，蒋公琰比较适宜。"李福道："公琰之后，谁可继承？"

诸葛亮道："费文伟可继承。"李福又问："文伟之后，谁可继承？"诸葛亮不答。众将到近前来看，已经咽了气。时建兴十二年八月二十三日，汉丞相诸葛亮病逝于军中，终年五十四岁。

唐代诗人元稹写有《叹卧龙》，诗云：拨乱扶危主，殷勤受托孤。英才过管乐，妙策胜孙吴。凛凛出师表，堂堂八阵图。如公存盛德，应叹古今无。

魏延之死

且说诸葛亮去世，蜀军严守秘密，不公开诸葛亮的死讯，而是遵照诸葛亮的布置立刻撤军。杨仪派费祎去见魏延，试探他对撤军的态度。

果然，魏延听见蜀军欲撤的消息，勃然大怒，说："丞相虽亡，还有我在。丞相府中的亲近官属便可护送丞相灵柩还葬，我仍可留下率大军攻贼，怎能因一人之死而废天下大事呢？况且我魏延是何人，怎能让杨仪调遣，替他断后！"

费祎听了魏延一席话，心中暗暗佩服诸葛亮预料得准确。他刚要对魏延劝解几句，只听魏延又说："杨仪为丞相府官员，让他回去。君为军中司马，当留下与我一起杀贼。你我二人联名发个文书，将此事布告诸将。"

费祎一听，心中暗暗叫苦：这不是要把我硬留下，和他一起违抗丞相遗令吗？想到这里，他灵机一动，骗魏延说："将军留我，我无异议。只不过我得回去说服杨长史。杨长史是个文吏，不懂军事，我告诉他后，他一定不会违背将军之命。"

费祎这番话，魏延听着还算舒服，便放他回去了。

费祎走后不久，魏延又觉得不对劲。他觉得费祎此次前来，目的是劝自己与之一起退兵，怎会这么快就改变态度，帮助自己说服杨仪！他急忙派人去追，但已经来不及了。魏延又派人打探杨仪的动静，得知他已经布置诸军拔营而归了。

魏延听说后大怒，杨仪竟敢丢下自己率大军径自撤回，分明不把自己放在眼里。更使魏延生气的是，杨仪已在众军中广为散布说魏延不愿撤军，欲率大军北降曹魏。当时魏延的前锋部队离诸葛亮大营仅十里，离褒斜谷北口很近，魏延便抢先退入斜谷南归，边走边烧毁栈道。

魏延这个举动，主观上或许是为了阻止蜀军后退，或许是为了难为杨仪，争取自己的主动地位，但在客观上却几乎帮了曹魏的大忙。当杨仪等人整军而还时，司马懿也得到了蜀军撤退的消息，他亲自率兵来追蜀军。多亏诸葛亮事先布置了姜维断后。足智多谋的姜维见司马懿追来，让军队反旗鸣鼓，做出一副要反击的架势。司马懿不知诸葛亮已死，又想起张郃的话：归军勿追。他急忙下令停止追击，全军返回。于是，杨仪结阵而去，从容退进斜谷。

事后百姓知道了这件事，都传着一句谚语："死诸葛走生仲达（司马懿字仲达）。"司马懿听到这个谚语后，自我解嘲说："吾能料生，不便料死也。"也多亏司马懿不便料死，否则，蜀军撤时，后有追兵不舍，前有断道阻拦，那真是太危险了。

魏延抢先退到斜谷南口，一面布置军队阻击杨仪，一面派人去成都向后主上表，说杨仪率兵反叛。

杨仪一面伐树修道，昼夜兼行，一面也派出信使从小路回成都，向后主告急，说魏延举兵叛变。

魏延、杨仪，各自指责对方，一日之中，羽檄交至。刘禅闹不清谁是真叛，便问侍中董允和留府长史蒋琬。董允、蒋琬都保杨仪而疑魏延，刘禅下令让蒋琬率宿卫宫省的诸营士兵北上救难。

蒋琬还没到，在南谷口杨、魏二人却已经打起来了。

魏延向杨仪军发动进攻，杨仪命大将王平率军抵御。王平面对魏延怒斥道："丞相亡故，身尚未寒，你们怎么就干出这种事？"魏延理亏，语塞无话。魏延兵众见此，知道曲在魏延，纷纷离他而去。魏延众叛亲离，只带其子与数人向汉中逃去。杨仪派将军马岱紧追不舍，终于将他追杀。魏延的首级被送到杨仪面前，杨仪将其人头扔在地上，用脚踩着，恶狠狠地说："奴才，你还能作恶吗？"

这就是被称为"南谷口火拼"的历史事件。

流芳百世

诸葛亮去世后，按照他的遗嘱，蜀军把他的遗体安葬在定军山（今陕西勉县南）。定军山是当年蜀、魏两国交战的战场，蜀军曾在这里大破魏军，斩杀魏国大将夏侯渊。诸葛亮不要求葬在蜀国都城成都，而是选择前方战场作为墓地，表达了他志在统一、壮志未酬、埋骨沙场的壮烈情怀。诸葛亮在遗嘱里还交代，他的丧葬应力求俭朴，依山形造坟，墓穴大小只要能容纳一口棺木就行。入殓时，只穿平日便服，不放任何陪葬器物。

诸葛亮一心为国，不谋私利，积劳成疾，死在与敌国交战的前线。他的去世，在蜀国上下，引起了巨大震动和悲痛。

后主刘禅速派大臣到定军山吊唁，宣读祭文，痛惜诸葛亮在事业即将成功之时，不幸去世。赐诸葛亮"丞相武乡侯"官印，并授予"忠武侯"的称号。后来，人们尊称诸葛亮为"诸葛武侯"。

为了寄托哀思，蜀国各地官吏、百姓纷纷要求给诸葛亮立庙纪念。后主把这事交臣下讨论，有人认为在成都立庙，跟昭烈帝（刘备）的庙建在一个地方，身份不相称，不妥，后主一时就未批准立庙。百姓听说不让立庙，心里更是难受。逢到纪念日，各地便有不少人私自在街头、田野上举行祭奠仪式。

后来，蜀国官员向宠等人联名上表，向后主申诉应为诸葛亮立庙，他们提出的理由是；"自从汉朝以来，有小善小德的大臣死后，塑像立庙也是很多的，何况诸葛亮的道德、功勋这样高，蜀国能维持不败，实是靠他的努力。现在不给立庙，让百姓到处私祭，不合表彰功臣的道理。"他们提出在定军山诸葛亮墓附近立庙，可让亲友按时祭奠。后主终于同意了这一提议，同意立庙，百姓们激动的心情才稍稍平静下来。

诸葛亮去世后，不仅他的亲友、部下，万分悲痛，普通的老百姓也念念不忘他的德政。就连曾受过诸葛亮处分、撤职的官员，也很悲痛。在益州梓潼郡一个偏僻的山村里，有一位须发斑白的老人，听到诸葛亮病死的噩耗后，立即在自己的住所，设置了诸葛亮的灵位，摆上了祭奠用的果品，穿上丧服，跪在灵位前痛哭。这位老人，就是那位在诸葛亮北伐时运粮不力、假传圣旨、延误战机的前大臣李严。他自从被诸葛亮查清罪过、奏明后主、削职为民后，就被流放到老家梓潼郡。但是诸葛亮宽大为怀，仍给予他改过自新的机会，对他的儿子照样信任，委以官职。保留了李严的全部田产、房屋、奴婢。还特意写信给李严的儿子，让他转告其父，要静心思过。李严想到诸葛亮一心秉公，不念旧恶，深感自己太对不起诸葛亮了。如果诸葛亮健在，自己还有改过自新的机会，现在丞相一去世，还有谁来惦记着自己这个失去权势又名声不好的老人呢？看来自己官复原职是毫无希望了。他越想越伤心，又沉痛又失望，不久生了一场大病也死了。

诸葛亮去世后，即使在敌国，人们也不得不尊重这位声望极高的贤相。景耀六年（263年），魏军三路进兵，大将钟会率军攻入汉中。汉中是诸葛亮生前长期驻军的地方，诸葛亮的墓地即在此，钟会知道后，立即派专人上定军山祭扫诸葛亮墓，还下了一道军令，严禁部下兵士在诸葛亮墓地附近放马、砍柴，表示对已故蜀相的敬意。

成都武侯祠

西晋时史学家陈寿在《三国志·诸葛亮传》中是这样评价的："诸葛亮作为丞相，安抚百姓，昭明法度，裁减官吏，制定合于时宜的制度，诚心对人，宣扬公道，忠心耿耿。有益于国家的人，虽有仇隙也一定奖赏；触犯刑律，玩忽职守的人，即使是亲友也一定惩罚；能诚心认罪吐露真情的人，虽然罪重也可以释放；狡辩抵赖掩饰罪过的人，即使罪轻也一定严惩；为善不论多么轻微，没有不奖赏的；作恶不论多么细小，没有不贬责的。各项事务精通熟练，处理事情能抓住根本，对人的考察根据名位要求做到符合实际，弄虚作假的人不予录用。终于使得蜀国境内的人都畏惧他又爱戴他，刑法政令虽然严峻，却没有怨恨他的人，这是由于他用心公平、劝诫分明的缘故。诸葛亮真可说是懂得治国之道的优秀人才，是和管仲、萧何同样杰出的人物。"

东晋末年，氐族人李雄在成都建立成汉（十六国之一）后，在成都少城为诸葛亮立了武侯庙。东晋大臣桓温灭成汉时，毁了少城，但保护了武侯庙。据说桓温在蜀地，问过一位经历过蜀汉时代的老人："你看现在的人，谁能和诸葛亮相比？"

老人说："丞相在世时，也不觉得他有什么特殊的地方。但是自从他去世后，没见到能同他相比的人了。"朴素的语言表达了老百姓对诸葛亮怀念之深。

诸葛亮之所以受到普遍敬重，还由于他是一位一生谦虚谨慎的政治家。"诸葛一生唯谨慎"，这在古代政治家中是十分宝贵的政治品格。诸葛亮身为丞相，位居一人之下，万人之上。在高度集权的政治体制中，他深知自己如不谨慎，决策稍有失误，势必误国误民。他主张君主应实行"纳言之政"，要治理好国家，必须多闻多见，听取各方面的意见，了解各方面的情况，这就好像有了更多的眼睛、耳朵，才能看得广，听得全，使人避免失误。

为了广泛听取下属的意见，他在丞相府内设了"参署"的机构，以"集思广益"。他多次表扬能提出不同意见的属下，采用他们好的意见；他多次要求属下"勤攻己缺"，直言指出自己的缺点错误。处理问题，发生失误，他绝不推卸责任，而是首先责备自己。

诸葛亮智谋很高，但是他不自以为是。他曾对部下说起，他当年未出山时，虽是年轻人，而能知道天下大势，并不是出于自己的天分，而是因为能广交朋友，得到朋友的许多启发、教诲。朋友之间经常对各种政治问题切磋商量，甚至争论不休，但是大家都能知无不言，言无不尽，所以自己虽然天分不一定很高，见识却增长很快。

诸葛亮的真正聪明之处，就在于他能虚心听取不同意见，把众人的智慧集中起来，使自己变得更聪明。他认为自己"担子重，才能轻，办事缺点、漏洞很多"，所以决策之前，一定要广泛征求意见。如刘备征汉中前，诸葛亮征求了杨洪的意见，才下决心急速派兵支前。刘禅即位后，诸葛亮听取了邓芝的建议，派邓芝出使江东，与孙吴和好。南征时他主动征求马谡的意见，采取了"攻心为上"的策略……善于把众人的正确意见集中起来，这正是诸葛亮智慧的源泉。

人们之所以敬重诸葛亮还由于他是一位能严格要求自己、不贪名利、为官清廉、注重品德修养的政治家。他一门三代，都是忠烈，可谓难得。

诸葛亮身居高位，对子女要求却很严格。

诸葛亮起初没有儿子，将他哥哥的次子诸葛乔过继来作为长子。他北伐时，让诸葛乔随军锻炼，和其他将领的子弟一起，率士兵在山谷中押运军需物资。做到与将士们"同甘苦，共荣辱"。诸葛亮自己有远大的政治抱负，他要求子侄也应如此。他给子侄写信，要求他们"志当存高远"，要有博大的胸怀，远大的志向，向先贤学习，排除私欲，注意意志情操的培养，抛弃庸俗的东西，把自己锻炼成有所作为的人。

诸葛亮很注意读书学习，不断充实自己，也要求子侄们注意读书学习。他在《诫子书》中说："一个有品德修养的人是这样做的：以心静来修养自己，以俭朴培养美德。不清心寡欲就无法明确志向，没有心情宁静就无法达到深远的境地。学习必须心静专一，才干必须通过学习取得，不学习是无法增长才干的，没有明确的志向是不能成就学业的。放纵怠慢就不能精益求精，偏激浮躁就不能陶冶性情。年华随着时间飞驰，意志容易逐渐减退，如不趁年轻时努力，将要成为无用的枯枝落叶，不能投身社会接触实际，只能悲伤地待在家里，到那时后悔也来不及了！"

诸葛亮对自己的儿子、侄子教育是成功的。诸葛亮后来又生了一个幼子叫诸葛瞻，在他的严格教育下，诸葛瞻成长很快，成年后当官，为官清正，忠于国家。诸葛亮去世后，在魏军进攻蜀国时，他领兵抵抗，英勇战死。诸葛瞻的儿子诸葛尚虽然只有十几岁，也随军作战，听说父亲阵亡，叹口气说："我父子深受国恩，只因没能及早铲除内奸，以致有现在的战败，而今我活着还有什么意义？"说完就骑上战马，冲入敌阵也战死了。诸葛亮一门三代，都是忠烈。

蜀亡之后，诸葛亮的名声反更大，身价反而愈高。晋王司马昭在灭蜀以后，立即就叫陈勰学习诸葛亮兵法，其子晋武帝司马炎还亲自向蜀汉降臣樊建请教诸葛亮治国之方，而司马懿早就称赞诸葛亮为"天下奇才"了。对诸葛亮的推崇，晋代开国的司马祖孙三代算是给后世开了先河。

从晋代开始，历代都在给诸葛亮升官晋爵，赐庙加号。晋封武兴王；唐封武灵王，并赐庙；宋赐"英惠庙"，加号"仁济"；元代则更追封为"威烈忠武显灵仁济王"；明代朱元璋钦定"帝王庙"，选从祀名臣三十七人，"忠武侯与拥焉"；清代不但把许多纪念诸葛亮的胜迹古祠加以整修建新，供人瞻拜，而且每年春秋祭孔庙时还以诸葛亮从祀。

历代统治集团更是对诸葛亮推崇备至。晋武帝对诸葛亮的治国之法很是称道，感叹地说："我要是有诸葛亮辅佐，怎么会像今天这样劳累啊！"唐太宗李世民曾多次向臣下称道诸葛亮治国的忠勤，他认为诸葛亮治蜀"十年不赦，而蜀大化"的根本原因在于有"贤相"诸葛亮为政"至公"，要房玄龄等大臣效法诸葛亮"公平"治国。宋代大学者朱熹认为："论三代而下，以义为之，只有一个诸葛孔明。"简直把诸葛亮称颂到无以复加的地步。清代康熙帝赞叹说："诸葛亮云，鞠躬尽瘁，死而后已。为人臣者，唯诸葛亮能如此耳。"乾隆帝亲撰的《蜀汉兴亡论》，大发"用贤与不用贤，关系国家存亡"的议论，对诸葛亮推崇备至。至于各朝文人骚客，武将名流，争相为诸葛亮著书立说作传，歌功颂德，蔚然成风。

历代封建统治阶级对诸葛亮的颂扬，自然有着他们的政治目的，但是，诸葛亮作为中国封建社会人治较为完善的成功者，有两点是被后世公认的：一是他忠于信念，矢志不移；二是他谦虚谨慎、克己奉公。前者反映他积极进取的精神品格，后者表示他尽瘁终身的思想作风。这永远值得后人追缅和学习。

"纷纷世事无穷尽，天数茫茫不可逃；鼎足三分已成梦，后人凭吊空牢骚。"往事越千年，诸葛亮所处的三国乱世早已成为历史，但诸葛亮作为伟大的政治家、军事家、外交家却是永垂后世的，他运筹帷幄、神机妙算的谋略大家的形象永远活在人们心中。

第七章

蜀国余晖

公元263年，司马昭派三路大军伐蜀。一路由征西将军邓艾率兵三万多人，自狄道（今甘肃临洮）向沓中，进攻姜维；一路由雍州刺史诸葛绪领兵三万，自祁山向阴平附近的桥头进攻，以绝姜维的归路；另一路由钟会统领十多万大军，分别从斜谷、骆谷、子午谷各路前进，直取汉中。

蜀汉灭亡了，刘禅出降，被解往洛阳，从此乐不思蜀。蜀汉自221年刘备称帝，到263年刘禅亡国，共经历了43年。

蒋琬雅量

蜀国在诸葛亮死后，后主刘禅按诸葛亮临死时的推荐，以蒋琬为辅政大臣，先任尚书令，领益州刺史，后迁为大将军，录尚书事，封安阳亭侯。后又诏命蒋琬开府治事，加为大司马。蒋琬共执政十二年。

费祎是蒋琬的副手，先为后军师，后为尚书令，封成乡侯。延熙九年（246年）蒋琬病死前，费祎为大将军，录尚书事，领益州刺史，掌握蜀国军政大权，延熙十五年（252年）开府治事。次年去世，共执政七年。

蒋琬和费祎执政后，继承诸葛亮的政策，对内保国安民，休养生息；对外通好孙吴，北伐曹魏的事有所节制。他们两人合作得比较好，虽然不如诸葛亮那样励精图治，但基本上能维持蜀汉安定的局面。

蒋琬为人谦和，富于雅量，很注意团结蜀中官吏。

东曹掾杨戏，向来沉默寡言，性格高傲内向。蒋琬每次找他商议公事，他不是躲在家里不见，就是置之不理，一副清高自傲的样子，弄得蒋琬十分难堪。

见此情景，就有人向蒋琬进言说："您每次和杨戏议事，他都装作没有听见的样子，不理不睬，这样傲慢无礼，分明是看不起大人，您就教训他一下吧。"

蒋琬听了，并不生气，而是心平气和地解释说："人的心各有不同，就好像人的面孔各有不同一样，如果一个人口是心非，当面一套，背后一套，这种卑劣行为，连古人都看不起。我了解杨戏，他不是那种口是心非的人，所以我们在一起议事时，他不愿违心同意，如果公开表

示反对，又显得我的意见不对，影响我的威信，所以，他只好沉默不语，这样做，正是他认为最恰当的办法。"

蒋琬这一番体谅他人的谈话，后来传入杨戏耳中，杨戏非常感动，与蒋琬的关系缓和了许多。

督农官杨敏是个自高自大的人，他只服诸葛亮一个人。蒋琬做了大司马后，他经常在别人面前说："蒋琬处理问题平庸，工作没有一点起色，远不如诸葛丞相。"有人把这些话传给了蒋琬。蒋琬听后非常坦然地说："我的才干的确比不上诸葛丞相，别人这么说又有什么关系呢。"

蒋琬认为，诸葛亮的北伐路线多经过山区，道路崎岖，军粮难以接应。他制订了从水路东下，用船只运粮的计划。

姜维北伐时，蒋琬就派杨敏从水路运粮。谁知道杨敏根本不把蒋琬的命令当一回事，玩忽职守。而姜维也因为军粮缺乏，差一点全军覆没。蒋琬非常生气，把杨敏革职，关在狱中，后主刘禅知道这件事后，下旨处死杨敏，株连三族，许多人都认为杨敏必死无疑。

正在处理公务的蒋琬听说了这件事，急忙进宫，他对后主刘禅说："杨敏犯了军法，应当治罪，但他当督农时，工作很出色，现在正是用人之际，不应杀他，再说，杨敏犯法，他的家人并没罪过，我们不能因为一个人有过失就株连全家啊，请圣上三思。"刘禅想了想，就赦免了杨敏的家人，对杨敏也从轻发落，只把他流放到南疆。

费祎虽然也注意团结人，但对从敌人方面投降过来的人则过于相信，丧失了应有的警惕。延熙十六年（253年），在一次宴会上，他被魏国投降过来的郭循刺杀。

蒋琬、费祎对"庆赏刑威"等大事的处理，非常严肃认真，虽然有时"自有在外"，都能"遥先咨断，然后乃行"。就是经过咨询征求意见之后，再做出断决，最后执行。两个人互相信任，合作得很好。

刘禅生长于深宫，为人懦弱，不懂政事。诸葛亮死后，他的年纪逐渐大了，仍然不理政事，整天在后宫里吃喝玩乐。时为太子家令的谯周上疏劝刘禅在"汉遭厄运，天下三分，雄哲之士思望之时"，关心政事。"愿省减乐官、后宫，凡所增选，但举修先帝所施，下为子孙节俭之教。"宦官黄皓，善于投其所好，刘禅很宠信他。但侍中董允是个正直大臣，他抵制黄皓，使其不能过于胡作非为，地位也没有得到升迁。"终允之世，皓位不过黄门丞。"

在外交方面，诸葛亮死后，吴蜀两国的联盟关系虽然出现了一些不信任和猜疑，但由于诸葛亮在世时打下了基础，这种联盟关系仍然维持着。

公元234年，诸葛亮刚死，吴国顾虑魏国会趁蜀国微弱时攻取蜀国，就增加了在巴丘（今湖南岳阳市）的兵力一万人，一来打算用他们作为援救蜀国之用，二来打算让他们参与对蜀国的瓜分。蜀国得知消息后，也增加了在永安的守军，以预防突如其来的变故。当宗预出使吴国时，孙权问宗预："东吴与西蜀好比一家，而我听说西蜀另外增加了白帝城的守备力量，这是为什么呢？"宗预回答说："我认为，东吴增加巴丘的防卫，西蜀增加白帝的守备，都是适应形势的需要，都不足以彼此相问。"孙权大笑，称赞宗预的坦率耿直，对宗预的敬重仅次于邓芝和费祎。

公元241年，西蜀的蒋琬在给刘禅的上疏中说："与吴国相约两三次，接连未取得进展，前进后退都很困难。"埋怨吴国未全力践履盟约。公元244年，东吴的步骘、朱然上疏孙权，怀疑"蜀国想背弃盟约，跟魏国勾结"。孙权认为西蜀不可能这样做，说："我们对待蜀国不薄，聘问赠送礼品，结盟立誓，没有做对不起他们的事，关系怎么会恶化到那种地步呢？我以破家担保，蜀国决不会与魏国勾结。"孙权很有政治头脑，他了解在蜀汉掌权的蒋琬是贯彻诸葛亮既定方针的人物，是不会破坏吴蜀联盟而与魏国勾结的。

不久，屯骑校尉宗预奉命又一次出使东吴，致以友好之意。临别时，孙权握住宗预的手，流着泪说："君每衔命结二国之好。今君年长，孤亦衰老，恐不复相见！"孙权赠送宗预大珠一斛。公元251年，樊建以校尉的身份出使东吴，这时孙权已经病重，不能亲自接见，便问诸葛恪说："樊建与宗预相比如何？"诸葛恪回答说："才识不及预，而雅性过之。"

尽管吴蜀联盟关系出现了一些不协调的迹象，但这种关系在蒋琬、费祎掌政时期，维护得比较好，并未遭破坏，而且一直维持到公元263年蜀汉灭亡。

在军事方面，总体上对曹魏采取守势。开始时，蒋琬认为诸葛亮伐魏的进军道路艰险，粮运困难，想改变诸葛亮的北伐路线，用水军由汉、沔袭击曹魏的魏兴、上庸，但许多将领不同意他的意见，蒋琬也就作罢。但在北伐主力军的驻地上则有所改变，即由汉中改为涪城（今四川绵阳），汉中则成为前锋的据点。以王平为前监军、镇北大将军，统汉中。蒋琬自己则从汉中还驻涪城。

不久，曹魏向蜀汉发动了一场声势浩大的攻势。

延熙七年（244年）春，魏大将军曹爽发兵十万余人与征西将军、都督雍凉诸军事的夏侯玄，以雍州刺史郭淮为前锋，由斜谷与子午谷中间的骆谷扑向汉中。这时蜀汉在汉中的守军不足三万，很是惊慌，急盼涪城援军到来。王平认为不能只是守城，被动挨打，派护军刘敏领兵到险要之地兴势（今陕西洋县北）拒敌。曹军在兴势受阻，关中及氐、羌转输又供应不上，牲畜多死，士气低落。得知费祎率领涪军即将到达，曹爽等带领队伍返回。在退军途中，曹军被费祎截击，曹爽拼死苦战，才得逃脱。曹军"失之甚众"，蜀军打了一场胜利的防御战。

由于这次兴势战役，费祎又到汉中行围守，但后来又退到汉寿（今四川剑阁东北）屯驻。

这时，蜀汉直接统兵的重要将领是姜维。诸葛亮死后，姜维为右监军、辅汉将军。公元243年迁为镇西大将军，领凉州刺史。

姜维自以为才武过人，又了解陇西地区的风俗民情，可借羌、胡西北少数民族的力量平定陇西，总想兴师大举北伐。但费祎总是限制他，不给他更多的军队，给他的兵不过万人。费祎还对姜维说："我们的才能远不如丞相诸葛亮，丞相过去还不能平定中原，何况我们？不如保国治民，敬守社稷，不变其功业，以等待能者，如果希望靠侥幸而决成败于一举，导致失败，后悔可就晚了。"在蒋琬、费祎掌政时期，基本上采取了战略防御方针，力求维护诸葛亮在世时的局面。

总之，诸葛亮死后的近二十年间，蒋琬、费祎齐心守成，工作大致不差。

姜维北伐

诸葛亮死后，姜维很想继承诸葛亮的方针，北伐曹魏，取得建树。他想占据陇西，蚕食雍州，相机发展。但是在蒋琬、费祎的限制下，他不能实现自己的想法。蒋琬死后，姜维开始北伐，直到蜀汉灭亡。

延熙十年（247年），即蒋琬去世的次年，后主下诏（蒋琬死后刘禅自摄国事），加拜姜维为卫将军，与费祎共录尚书事，相当于副丞相。这一年，雍凉一带的羌、胡部众联合叛魏，并派人向蜀汉求援，姜维率军直出陇西，与魏大将军郭淮、夏侯霸战于洮西。胡王白虎文、治无戴等人举部降蜀，姜维率领他们回到蜀地。这是姜维第一次北伐。

公元249年春，司马懿政变成功，诛除曹爽集团之后，夏侯氏受排挤，夏侯霸投蜀。

夏侯霸本是夏侯渊之子，因其父死于汉中，视蜀汉为切齿之仇，深思为父报仇，因而被任为讨蜀护军，屯兵陇西，归自己的侄子、征西将军夏侯玄管辖。

夏侯玄是曹爽的外弟，又与何晏等为同流。事变后，司马懿令郭淮取代他担任征西将军，都督雍凉二州军事。夏侯霸素与郭淮不和，怕他加害于己，便约夏侯玄同归蜀汉，夏侯玄不同意，回朝就职（后被司马氏诛灭三族）。

夏侯霸见夏侯玄不愿归蜀，便率领几名亲随从陇西一路南奔而来。夏侯霸入成都后，刘禅亲自接见，对他解释道："你父遇害于乱军之中，非我先人之手刃也。"在会见的时候，姜维问夏侯霸："司马懿即得主持朝政，是否有伐蜀之志呢？"夏侯霸回答说："司马氏正忙于经营家天下，不会急于对外用兵，不过有一位叫钟会的人，虽然年少，但如果执掌朝政，足为吴、蜀之忧啊。"

延熙十二年（249年）秋，正当司马懿忙于处理内部事务时，姜维与廖化率兵向雍州进攻。到达麹山（在羌中）后，依山修筑了两座城堡，分别派牙门将句安、李歆固守。曹魏征西将军郭淮与雍州刺史陈泰领兵前来应战。

陈泰认为："姜维在麹山所筑二城虽坚固，但离蜀地太远，不仅粮食转运困难，而且当地羌民苦其劳役，也未必服从他们。如果采取围困的办法，可以兵不血刃而取其城。虽然姜维会来救援，但山路艰险，非行兵之地。"郭淮便派陈泰与邓艾（南安太守）率所部围困麹山二城，"断其运道及城外流水"。句安等率军挑战，魏军只是坚守壁垒，不应战，围困了许久，城内"将士困窘，分粮聚雪以引岁月"。

姜维引兵来救，兵出牛头山，与陈泰大军相遇。陈泰对部下说道："兵法贵在不战而屈人。现在我们把牛头山的退路断绝，姜维无路可回，必被我们所擒。"于是，一面令诸军坚守营垒不与战，一面派信使

蜀国余晖

请郭淮派兵速来牛头山截姜维还路。姜维闻讯，连忙率军退走，句安、李歆等只得投降。这是第二次北伐。

公元250年，姜维率军远征，攻打凉州西平郡（今青海西宁），比诸葛亮当年走得还远，但所率军队不多，不克而还。这是第三次北伐。

公元253年春，费祎死后，姜维掌握了军权，以后差不多年年举兵北伐。

同年夏，姜维率数万大军出陇西，围狄道（今甘肃临洮）。郭淮、陈泰集中兵力解狄道之围。陈泰军至洛门（今甘肃武山县东），姜维粮尽退军。这是第四次北伐。

公元254年，魏狄道长李简密书请降于蜀。姜维又率大军数万出陇西，李简举城降，姜维又攻陷河关（今青海同仁北）、临洮（今甘肃岷县）。魏将徐质前来迎战，死伤不少，魏军败退。蜀将荡寇将军张嶷被杀，姜维"拔狄道、河关、临洮三县民，居于绵竹、繁县"。这是第五次北伐。

公元255年秋，姜维又想出兵北伐，在讨论此事时，征西大将军张翼当着后主刘禅的面，同姜维争辩，认为："国小民劳，不宜黩武。"姜维不听，率车骑将军夏侯霸及张翼一起北伐，率兵数万人，直趋狄道。魏雍州刺史王经接战不利，渡过洮水。姜维与王经大战于洮西，王经大败，死者数万人，逃散的也很多。王经退保狄道城。这时张翼劝姜维说："可止矣，不宜复进，进或毁此大功。"姜维大怒说："为蛇画足！"遂进围狄道。邓艾、陈泰全力以赴相救，方解此围。王经叹道："粮不至旬，向非救兵数至，举城屠裂，复丧一州矣。"这是姜维最成功的一次征战，几乎夺得雍州。最后姜维退驻钟题（今甘肃临洮南）。这是第六次北伐。

公元256年，刘禅拜姜维为大将军，总督军事。他与镇西大将军胡济相约，共同伐魏，会于上邽城。由于胡济到期不至，姜维部在段谷

（今甘肃天水东南）被魏将邓艾打败，士卒逃散，"死者甚众"，大受上下非议，而陇西亦骚动不宁。姜维退回成都后，引咎自责，"求自贬削"，后主令其为后将军，行大将军事。这是第七次北伐。

公元257年，姜维趁魏大将诸葛诞在寿春反叛的机会，又率大军数万出骆谷，至沈岭（今陕西佛坪北）。魏大将司马望、邓艾进据屯有大量粮草的沈岭长城，以拒姜维。姜维扎营于芒水（今陕西周至南），倚山为营。姜维数次前往挑战，司马望、邓艾均不应战，坚守不出。后因诸葛诞失败，姜维无奈，只好于次年撤军回成都。姜维复为大将军。这是第八次北伐。

此后不久，姜维撤掉前线阵地各围垒的守军，聚守诸葛亮所筑的汉城、乐城。以胡济驻汉寿，王含守乐城，蒋斌守汉城。这为后来魏军的攻蜀开了方便之门。

公元262年，姜维又准备出兵北伐，右车骑将军廖化认为不妥，说："兵不止，必自焚。智不超敌，力小于寇，频频用兵，将何以存！"姜维则不以为然，率军进至洮阳（今甘肃临潭东），邓艾率军迎战。双方战于侯和（今甘肃卓尼东北），结果姜维失败，退驻沓中（今甘肃宕昌西）。这是第九次北伐。

从上述情况可以看出，从公元247年到公元262年这十六年间，姜维进行九次北伐，平均不到两年就有一次，其结果败多胜少。连年北伐消耗了大量人力物力，人民负担十分沉重。很多官员反对北伐。中散大夫谯周写了一篇《仇国论》，认为"条件不具备，机会未来临，想以弱胜强是不可能的，统治者政治昏暗，老百姓负担过重，土崩瓦解的形势就会出现"。

北伐无望，北边的强魏就如一座大山。蜀国头上一直悬着一把达摩克利斯之剑。

蜀汉灭亡

公元246年蒋琬、董允死后，四十岁的刘禅摄政。以吕义为尚书令，陈祗为侍中。宦官黄皓与陈祗相勾结，开始参与政事。

公元251年，尚书令吕义死，蜀以侍中陈祗守尚书令。"陈祗以巧佞有宠于汉主"，黄皓进一步得势。蜀汉政治开始败坏。

刘禅的兄弟刘永，早就对黄皓的得势非常不满。黄皓就在刘禅面前说他的坏话。刘禅把刘永放到外地，使他十余年不得相见。

黄皓与右大将军阎宇亲好，阴谋废掉大将军姜维，令阎宇掌握军权。姜维得知后，建议刘禅说："黄皓奸巧，专权自恣，国家将要败坏在他手里，应该把他杀掉。"刘禅不同意，说："黄皓不过是在阶前趋走的小臣，以前董允一提起黄皓就咬牙切齿，我深感遗憾，你何必也介意呢？"还把姜维对黄皓的不满告诉黄皓，让黄皓去向姜维道歉。

姜维见黄皓党羽日多，"枝附叶连"，刘禅又昏庸愚昧，心里有些疑惧，害怕危及自己，便领兵驻扎在沓中种麦，不敢回成都。

公元262年，曹魏掌权者司马昭，根据蜀汉的现状，决定大举进攻蜀汉，他对大臣们说："自从平定寿春诸葛诞反叛，我们休养士卒，已有六年，治兵缮甲，为的是对付吴、蜀。东吴土地广大而低下洼湿，攻之比较吃力，难以收到功效，不如先平定巴蜀，三年以后，再顺长江东下，水陆并进，去灭东吴。西蜀军队九万人，居守成都和其他地方的，不下四万，余下的不过五万，只要把姜维困在沓中，使其不得东顾，我军直指骆谷，出其空虚之地，袭击汉中。像刘禅那样昏暗，边城外破，人心震恐，非亡不可。"

司马昭对蜀汉的情况是比较清楚的。

于是，司马昭任命钟会为镇西将军，都督关中。

姜维见魏有伐蜀迹象，上表刘禅说："听说钟会治兵关中，图谋进取蜀汉，应该派张翼、廖化率军分别护守阳安关口（即阳平关）和阴平的桥头（今甘肃文县北），以防魏军。"这时专权的黄皓奉信巫鬼，他求神问卜，说敌军不会到来。刘禅听信了他的话。黄皓还"启汉主寝其事"，刘禅就把姜维反映的情况和建议搁置下来，"群臣莫知"，而他自己仍然终日花天酒地，对敌人不加防备。

第二年（263年），司马昭果然派三路大军伐蜀。一路由征西将军邓艾率兵三万多人，自狄道（今甘肃，临洮）向沓中，进攻姜维；一路由雍州刺史诸葛绪领兵三万，自祁山向阴平附近的桥头进攻，以绝姜维的归路；另一路由钟会统领十多万大军，分别从斜谷、骆谷、子午谷各路前进，直取汉中。

刘禅得知敌军真的打来了，才慌忙派廖化领兵去沓中，做姜维的后援，派张翼等领兵去阳安关口协助防守。但援军还没到达前线，钟会的大军就已经打到汉中。这时阳安关的守将傅佥在孤军无援的情况下坚持迎战，不料他的部下蒋舒向魏军投降，他力战身死。阳安关失守，汉、乐二城被攻下，汉中被占。

西路的邓艾军也很快到达沓中，向姜维营地进攻。姜维得知汉中失守，便向阴平撤退。这时诸葛绪的军队已到达桥头截击。姜维从侧后进击魏军，诸葛绪害怕，引军后退三十里，姜维趁机越过桥头。姜维到达阴平后，又向南撤退，同从成都北上的廖化、张翼等军会合后，据守剑阁。

邓艾进至阴平后，想同诸葛绪联合进军江油（今四川江油东），直取成都。诸葛绪不同意，引军东下同钟会军会合。钟会密告诸葛绪畏葸不前，押送其回京治罪，将其军队置于自己统辖之下，然后向剑阁进兵。

剑阁又名剑门山，在今四川剑阁县西，有小剑山和大剑山相连。山势险峻，飞阁通道，所以称为剑阁。李白在诗中曾说："剑阁峥嵘而崔嵬，一夫当关，万夫莫开。"姜维等凭险拒守，钟会军连日攻打都没有攻下。

钟会在剑阁受阻，粮食供应又困难，军中乏食，便想引兵退还。这时，邓艾向他提出出奇制胜的建议："蜀军已经遭受挫折，我们应该乘胜前进。如果从阴平小道偷越过去，出剑阁以西百里，向涪城，用奇兵冲其腹心，剑阁的守敌必定回来救涪城，我军就可乘势而进。如果剑阁的蜀军不撤退，在涪城对付我军的力量就小了。"钟会接受了邓艾的建议，并要他执行这一任务。

阴平是少数民族（氐、羌等）居住的地区。这里崇山峻岭，道路难走，地处偏僻，人烟稀少。汉武帝征服西南夷时，曾开凿了阴平小道，后来废弃了，不为人们注意，蜀军也没有设防，因而被魏军钻了空子。

邓艾是一个有才能的将领，他身先士卒，亲自探险开路，终于克服重重困难，通过了阴平小道，穿过天险，直奔江油。

据守江油的蜀将是马邈。魏军的突然到来，使他大惊失色，未作任何抵抗就投降了。接着，邓艾督军向涪城进攻。诸葛亮的儿子行都护卫将军诸葛瞻领兵拒守涪城，被邓艾军打败，退守绵竹。邓艾乘胜追击，不给蜀军以喘息机会。邓艾写信劝诸葛瞻投降，答应表封他为琅邪王。诸葛瞻大怒，斩邓艾使者。双方激战的结果，蜀军大败，诸葛瞻战死。诸葛瞻的儿子诸葛尚叹息说："父子受国家大恩，不能早诛黄皓，以致败国殄民，用生何为！"纵马直闯敌阵，战死。

绵竹失守后，蜀军无险可守，邓艾督军向成都推进。

邓艾大军兵临成都。蜀人做梦也没有想到魏军那么快就打过来了，根本没做守城的准备。后主刘禅吓得六神无主，连忙召集群臣商量对策。有人认为蜀汉和东吴是友好邻邦，应该投奔东吴；也有人说南中七郡地势险要，易防难攻，建议撤到南中去。而大臣谯周却认为最安全的办法就是投降。他说："陛下要向东吴称臣，等将来曹魏吞并了东吴，还得向曹魏称臣。同样是称臣，丢一回脸总比丢两回脸强。至于逃到南中，兵临城下，还来得及吗？"

大臣们都觉得谯周的主意不错，可刘禅不甘心就这么丢了皇位，还想逃到南中去。谯周接着又上书说："南中是蛮夷的地方，他们当初是被诸葛丞相用武力逼迫才归顺的，如今战乱波及那里，他们非反叛不可。"刘禅见无计可施，无奈之下为了保命只好派张绍等人手捧玉玺向邓艾投降。

刘禅的儿子、北地王刘谌有气节，听说后非常气愤，他对刘禅说："就算真是大祸临头，我们父子君臣也应该背水一战，共同为保卫社稷而死。不然，将来还有什么脸面去见先帝？"说完，他就跑到刘备的庙里大哭了一场。回到家里，刘谌竟先杀死妻子儿女，然后横剑自杀。

再说张绍等人捧着蜀汉的玉玺见到了邓艾。邓艾大喜，马上给刘禅写信，表示接纳投降。接着，邓艾率军来到成都北门外。刘禅命人打开城门，亲自带着太子、诸王以及文武大臣六十多人，反绑着自己的双手，拉着棺木向邓艾投降。邓艾代表魏元帝曹奂替刘禅松了绑，并派人焚烧了棺木，正式受降。蜀汉王朝就此灭亡了。

蜀汉灭亡以后，当时已掌握魏国大权的司马昭对汉后主刘禅留在成都很不放心，于是他派人将刘禅全家接到洛阳。

公元264年三月，为笼络人心，稳定对蜀地的统治，司马昭就以魏元帝的名义封刘禅为安乐公，还把他的子孙及蜀汉原有的五十多名大臣封了侯。

一天晋王司马昭大摆酒宴，款待刘禅和他的旧臣。席间，司马昭

蜀国余晖

特地叫人为刘禅表演蜀汉歌舞，想试探试探他的反应。蜀汉的众多旧臣看了表演，想到往昔的情景，个个不免黯然神伤，只有刘禅没有丝毫感觉，高兴得又说又笑。司马昭看在眼里喜在心里，他对身边的贾充说："一个人要是无情无义到了这种地步，就算诸葛亮在世也无法辅佐他，何况姜维呢！"

又过了些日子，司马昭故意问刘禅说："你还想不想蜀地？"

刘禅回答道："此间乐，不思蜀。"

后来，原蜀汉秘书令郤正私下对刘禅说："如果晋王再问起这样的事，你要一边哭一边说，'祖先的坟墓都远在蜀地，我没法尽孝，常常望着西边暗自伤悲，没有一天不想念的'。然后闭上眼睛就行了。"刘禅点了点头。

过了不久，司马昭果然又问刘禅说："你还想念蜀地吗？"刘禅想起郤正的叮嘱，就按照他教的那样说了一遍，末了又紧闭双眼，装作要哭的样子。司马昭听了一愣，问他："你说得怎么那么像郤正的话。"

刘禅惊讶地睁开眼，傻乎乎地盯着司马昭说："就是他教我的，晋王怎么知道？"

旁边的人听了都忍不住哈哈大笑。从这时起，司马昭才知道刘禅实在不成器，无可救药，不会对自己构成威胁了，也就没有想杀害他。

蜀汉自公元221年刘备称帝，到公元263年刘禅亡国，共经历了四十三年。

蜀汉灭亡后，邓艾在成都骄傲自恃，专断独行，擅自处理军政大事，对蜀汉降官各有封任。他命人把蜀汉"奸臣"黄皓抓起来，关进监牢，想杀掉他，可是黄皓大量行贿，送上无数金银财宝给邓艾左右，最后竟免于一死。

司马昭派监军卫瓘劝邓艾说："有事应当报请，不应当这样。"邓艾很不满意，引起了司马昭的疑虑。钟会和卫瓘乘机密告邓艾要谋反。

司马昭便命令用槛车将邓艾押送回洛阳。途中，邓艾被卫瓘杀掉。

邓艾本无反心，却落到了如此下场。

邓艾死后，钟会一个人"独统大众，威震西土"，倒真的起了反心。他同蜀汉降将姜维合作，准备由姜维做先锋领兵五万出斜谷，自己统率大军随后，出其不意地占据长安，然后进军洛阳。对于钟会的谋反，司马昭是有所准备的，他率军十万屯驻长安，并令中护军贾充领兵入斜谷。钟会发觉司马昭对他有了防备，慌忙诈传郭太后的遗诏，公开打出讨伐司马昭的旗帜。

姜维同钟会合作，有他自己的打算，他是想借钟会之手杀掉魏军将士，再杀掉钟会，"还复蜀祚"，恢复刘禅的皇位，他在给刘禅的密书中说："愿陛下忍数日之辱，臣欲使社稷危而复安，日月幽而复明。"

姜维同钟会合力把入蜀魏军诸将领都关在关署中，准备把他们杀掉。但计划泄密，魏军士兵以为要被坑杀，起来攻打钟会。被关押的将领们趁机逃回自己的部队，一起向钟会进攻，结果姜维和钟会都被杀死。

一场反司马昭的军事行动就这样失败了。姜维利用这次机会"复国"的企图也彻底破灭。

蜀国余晖

善于治军

诸葛亮以法治军，纪律严明，训练有素，戎阵整齐，因此蜀军的战斗力是比较强的。蜀军在诸葛亮的指挥下，经历的战争很多，遇到的名将也不少，结果是胜多败少，失败的时候也没有出现溃不成军或全军覆没的情形，应该说这和诸葛亮对军队卓有成效的治理是分不开的。诸葛亮的军事思想后来汇集成书，广为流传。

军纪严明

诸葛亮登上政治舞台后，大部分时间是在军旅中度过的。长期的战争实践和认真研读兵法（主要是学习先秦军事家的思想），使他成为一个具有相当军事才能的统帅。

诸葛亮认为治理好军队非常重要。他说：治理军队的工作，是维护边境安宁的事情，是平定天下的措施，是用武力诛除暴乱，讨伐叛逆，保卫国家，巩固政权的大计。

蜀国人口不多，军队数量少，诸葛亮深知建立一支能征善战的军队的重要性。他非常注意提高军队的质量，注意加强对军队的治理。

怎样才能治理好军队呢？诸葛亮特别强调以法治军的重要性。他说："一个率领着百万之众的将领，要使这么多人能束肩敛息，重足俯听，莫敢仰视，服从命令，靠什么呢？靠的是法制。"又说："法者划，则士无不服矣。"

在诸葛亮看来，厉行法治是军队克敌制胜的法宝。他推崇先秦时期著名军事家孙武、孙膑、吴起等人，赞赏他们执法严明和以法治军的主张。他说："赏以兴功，罚以禁奸，赏不可不平，罚不可不均。赏赐知其所施，则勇士知其所死，刑罚知其所加，则邪恶知其所畏。""进有厚赏，退有严刑，赏不逾时，刑不择贵。此之谓信将。"诸葛亮还说道："有制之兵，无能之将，不可以败；无制之兵，有能之将，不可以胜。"

诸葛亮十分注意在实践中贯彻以法治军。军中将士，只要作战建有功劳，他一定给予奖赏；如果违犯了军法，即使是地位很高、自己亲信的将领，也一定依法处罚。他嘉奖王平，处死马谡，便充分地表明了这一点。

诸葛亮用军法约束部队，除要求所有将领和士兵严格服从命令、听从指挥、勇敢作战外，还严格要求部队遵守纪律，不许欺压百姓，更不得抢掠和杀害平民。史书记载，蜀军在敌人境内能够"出入如宾"，不围猎，不随意糟蹋庄稼和抢掠财物，就如同在本国内一样。诸葛亮在渭水沿岸分兵屯田，军队夹杂在老百姓中间，而没有引起老百姓的惶恐，仍然能够安居生产，"军无私焉"。可见蜀军的纪律是比较严明的。

诸葛亮在注重以法治军的同时，还重视对将士进行教育，反对不教而战，不教而杀。他认为："为君之道，以教令为先，诛罚为后，不教而战，是谓弃之。"他在治军过程中，明确规定"不从教令之法"有七种。一是轻军，如"车甲不具，兵器不备"；二是慢军，如"受令不传，传令不审"；三是盗军，如"取非其物，借贷不还"；四是欺军，如"兵刃不磨。器仗不坚"；五是背军，如"闻鼓不进，叩金不止"；六是乱军，如"失行乱次，兵刃中伤"；七是误军，如"大言惊语，疑惑吏士"。违犯这七种禁令的，都要处斩。

为了使士卒懂得"用兵之道"，不轻易违犯禁令，诸葛亮强调要先对士卒进行习教。一是"使目习其旌旗指麾之变，纵横之术"；二是"使耳习闻金鼓之声，动静行止"；三是"使心习刑罚之严，爵赏之利"；四是"使手习五兵之便，斗战之备"；五是"使足习周旋走趋之列，进退之宜"。称之为"五教"。

在一条军令中，诸葛亮还具体规定："凡是作战时部队已进入阵地，一律不准大声喧哗，注意听清鼓声号令，仔细看清旗帜变化。指挥旗前指就前进，后指就后退，左指就朝左，右指就朝右，不听从命令擅自朝前后左右行动的人斩首。"

在对将士教育的过程中，诸葛亮还注意将德治教育、法治教育、

军事教育同思想教育结合起来。他在《将苑·习练》中说："教之以礼义，诲之以忠信，诫之以典刑，威之以赏罚。"这就是说，除在行动上有严明的奖惩赏罚激励将士外，还要在思想上用封建的礼义忠信教育将士，把两者结合起来。他依据儒家的纲常伦理解释："善养士卒"是"仁"；"以身殉国"是"忠"；"不为利挠"是"义"；"胜而不恃"是"礼"；"奇变莫测，动应多端"是"智"；"赏不逾时，刑不择贵"是"信"。他认为如果把德、法并用，"接之以礼，厉之以信，则士无不死矣"，能够舍身为统治者效命。这就是说，在治理军队的时候，诸葛亮是采用法治和礼治相结合的办法，两手并用。

诸葛亮治军时的法治德教并用和治国时的"科教严明"是统一的，实虚并举，以求得到实效。

诸葛亮对将领的要求是很高的。他专门写了《将苑》一文，述说为将之道。虽然其中有些地方系摘抄前人著述（主要是兵家著作），但不少地方也反映了他自己的见解。在其中《将材》篇中，他按照才能和品质把将领分为九类，即仁将、义将、礼将、智将、信将、步将、骑将、猛将、大将，并指出了各类将领的特点。在《将志》篇中，他对将领的品质提出的要求是："不恃强，不怙势，宠之而不喜，辱之而不惧，见利不贪，见善不淫，以身殉国，壹意而已。"在《将善》篇中，他对将领提出了"五善四欲"。他说："将有五善四欲。五善者，所谓善知敌之形势，善知进退之道，善知国之虚实，善知天时人事，善知山川险阻。四欲者，所谓战欲奇，谋欲密，众欲静，心欲一。"

诸葛亮还要求将领作战要从客观实际情况出发，分析事、势、情，伺机而动，以立于不败之地。在《机形》篇中他说："夫以愚克智，逆也；以智克愚，顺也；以智克智，机也、其道有三：一曰事，二曰势，三曰情。事机作而不能应，非智也；势机动而不能制，非贤也；情机发而不能行，非勇也。善将者，必因机而立胜。"

又在《应机》篇中说："夫必胜之术，合变之形，在于机也。非智者孰能见机而作乎？见机之道，莫先于不意。"

另外，在《便宜十六策》中，诸葛亮要求将领要有深谋远虑，注意鼓舞士气，避免独断专行，以使上下同心协力。他说："将无思虑，士无气势，不齐其心，而专其谋，虽有百万之众，而敌不惧矣。"

在《兵要》篇中，诸葛亮要求将领用人时，要依靠推举；论功时，要依法判断，以使有才能的人得到重用。他说："良将之为政也，使人择之，不自举；使法量功，不自度。故能者不可蔽，不能者不可饰，妄誉者不能进也。"

诸葛亮要求在军队内部不能拉帮结伙，认为如果结党营私，互相倾轧，那么军队就要垮台。他说："枝叶强大，比居同势，各结朋党，竞进憸人，有此不去，是谓败征。"

显然，诸葛亮的这些治军之道都是非常有必要的。

诸葛亮还注意对军队进行技术训练。他说："军无习练，百不当一，习而用之，一可当百。"在训练中，他要求将士能够掌握行军、作战、屯驻的要领，懂得进退攻守的次序，发挥各种兵器的效用，使将士"解兵家之宜，识旌旗之节"，达到动作划一，调遣自如。对于军事训练，诸葛亮还主张发挥士兵的作用，实行兵教兵。他说："一人可教十人，十人可教百人，百人可教千人，千人可教万人，可教三军，然后教练而敌可胜矣。"由此可见，诸葛亮对士兵的作用是相当重视的。

中国古代的军事训练中，演练阵法占有重要地位。诸葛亮注意研究和运用阵法，训练将士们熟悉阵法和运用阵法。他对于军队的行军、作战、屯驻之法都很讲究，既考虑到攻又考虑到守，既考虑到进又考虑到退。各部分紧密配合，互相照应，并根据不同的情况，加以变化，使自己立于不败之地。例如他每屯驻一地，所有营垒、屏障、井灶以至厕所等，都有明确规定，要求严格按照这些规定认真构筑，务必做到井然有序而又严密无遗，决不使军队在受到敌人突然袭击时心慌失措，指挥不灵，以致溃不成军。诸葛亮死后，蜀军退走，司马懿巡视蜀军留下的营盘后，连声称赞说："天下之奇才也。"

诸葛亮以法治军，纪律严明，训练有素，戎阵整齐，因此蜀军的战斗力是比较强的。后人评论说："法令明，赏罚信，士卒用命，赴险而不顾。""止如山，进退如风，兵出之日，天下震动。""帅数万之众，其所兴造，若数十万之功，是其奇者也。"蜀军"密如鬼神，疾如风雷，进不可当，退不可追，昼不可攻，夜不可袭，多不可敌，少不可欺。"这些称赞虽然有些过分，但不是毫无根据的。蜀汉军队在诸葛亮的指挥下，经历的战争很多，遇到的名将也不少，结果是胜多败少，失败的时候也没有出现溃不成军或全军覆没的情形，应该说这和诸葛亮对军队卓有成效的治理是分不开的。

军事思想

关于诸葛亮军事方面的著作和言论是有一些的，陈寿编纂的《诸葛亮集》目录，仍然保留在《三国志·蜀志·诸葛亮传》里，共有二十四篇。其中的《南征》《北出》《兵要》《传运》《军令》等篇都是关于军事方面的著作。

诸葛亮的军事思想主要体现在以下几个方面。

第一，诸葛亮认为军队的作用是保卫国家。他明确地说："治军之政，谓治边境之事，匡救大乱之道，以威武为政，诛暴讨逆，所以存国家安社稷之计。""治边境之事"是指抗击外部敌人的入侵；"匡救大乱"是指镇压内部敌人的叛乱。他强调军队的强弱事关国家的安危，说："国以军为辅，君以臣为佐；辅强则国安，辅弱则国危。"所以一个国家必须要有强大的军队。

第二，诸葛亮强调"居安思危""有备无患"，这是一条重要的战略原则。他还专门写了一篇《戒备》，来论述加强战备的重要性。他说："国家大事，没有比戒备更重要的了。如果在戒备这个问题上有丝毫疏忽，就会在战争中遭受严重损失。军队覆灭，将领被杀，这是顷刻之间发生的事情，是很可怕的。所以只要有战争危险，君臣顾不得吃饭也要谋划对策，选拔有才能的人去做好防范工作。如果和平时期不考虑有战争的危险，敌人打来了还不知道害怕，这就如同燕子在帐幕上垒窝，鱼儿在锅里游动，灭亡就在眼前了！所以说有备才能无患。军队的一切行动都不可以没有戒备。

这种"有备无患"的思想，在诸葛亮的军事实践中也是有所体现的。他对敌人正在和将要发动的战争是非常警惕的，从来没有打过无准备之仗。

第三，诸葛亮不把战争看作是达到政治目的的唯一手段，单纯凭借军事力量一意孤行。他能够把军事和其他手段结合起来，达到预期目的。如他在领兵平定南中地区的叛乱时，在采取军事手段的同时，还采取政治手段，注意争取人心，正确处理兵战与心战的关系。先是采取兵战（军事进攻）与心战（政治攻势）相结合的方式，使少数民族首领孟获"心服"，取得了平叛的胜利；后是在军事做后盾的情况下，继续贯彻"心战为上"的原则。实行"和抚"政策，达到了"夷汉粗安"的政治目的。在北伐曹魏过程中，诸葛亮也重视政治攻势，宣传以"有道"（蜀汉）伐"无道"（曹魏），一出祁山时三郡响应，当与此有关。后来，这种政治攻势虽然起的作用不大，但他注意将政治斗争与军事斗争相结合，这一思想则是可贵的。

第四，诸葛亮在对敌作战时，从不忽略开展必要的外交活动，注意将军事斗争与外交斗争互相配合。他从刘、孙、曹三方矛盾的实际出发，力图同孙吴搞好外交关系，以"求掎角之援"，将攻击的锋芒指向主要敌人曹魏。早在赤壁之战时，由于联合孙权成功，取得了抗曹的重大胜利；北伐期间，由于排除干扰，与孙吴保持和发展了联盟关系，不仅使北伐"无东顾之忧"，而且得到了孙吴在军事上的一定配合，使曹魏的"河南之众不得尽西"，牵制了曹魏的军事力量，从而有利于出师北伐。

第五，诸葛亮能够在战略上藐视敌人，敢于同强敌做斗争，同时也能够在战术上重视敌人，认真地对待每一场战争。赤壁之战前，面对强大曹军的追击，在刘备势力面临败亡的形势下，诸葛亮敢于联合孙权，同曹操对抗。当然，这种信心是建立在正确分析敌我双方力量的基础之上的。他看到了曹军的短处和联军的长处，不为曹军的声势所吓倒，同时在战术上重视曹军，力促孙刘联军紧密配合，协同作战，发挥水上作战的优势，采取火攻战术，从而取得了以少胜多、以弱胜强的战果。北伐期间，诸葛亮在战略上藐视强大的曹魏，在军事上敢于同其进行反复的较量，去争取胜利。而在具体作战部署上，则重视曹军的力量，采取了小心谨慎的态度。第一次北伐时，魏延提出由子午谷偷袭长安的建议，诸葛亮认为这不是"坦道"，风险很大，没有采纳。第一次北伐失败后，诸葛亮从实际出发，认识到北伐存在着严重困难，感到蜀国在战略上不具备短期内灭掉曹魏的条件，从而将战略进攻改为战略防御，并在战术上采取了稳妥的、不冒进的"以攻为守"的策略。

第六，在指挥作战时，诸葛亮主张用兵要讲计谋。他强调用兵的原则，先要确定计谋，然后贯彻实施。要了解天时地利的情况，观察人心的动向，熟悉武器的应用，明确赏罚的原则，研究敌人的策略，察看道路的险易，识别有利和不利的地形地物，判断敌我双方的情况，懂得

进退的机宜，顺应作战时机，做好防御准备，加强征伐力量，提高士卒本领，进行成败的比较，考虑生死的代价。然后才能出动军队，委任将领，造成歼灭敌人的态势。这是用兵打仗的要旨。

具体来说，主要有以下几点：

第一，要了解敌情，做到知彼知己。诸葛亮非常重视孙武所说的"知彼知己者，百战不殆（危险）"的原则，认为如果在战前不先了解敌情，战争很难取胜。他在《治军》中还说：了解敌人士兵的情况才能知道他们的战斗力，不了解敌人士兵的情况就不知道他们的战斗力。不知道敌人战斗力，每次作战必然没有把握取胜。所以军队每次出击敌军，必须首先了解敌军左右亲信及士兵的思想情况。

第二，要争取战争的主动权，要注意"以近待远，以逸待劳，以饱待饥，以实待虚，以生待死，以众待寡，以旺待衰，以伏待来"。只有这样才能使敌人陷于被动，有利于自己取胜。

第三，在具体战斗中，诸葛亮强调要"出其不意""攻其不备"，要寻找和利用敌人的弱点，"避实而击虚"，还要有计划地制造一些假象，声东击西，虚虚实实，造成敌人的错觉。他强调孙武所说的话："善于攻击的人，要使敌人不知在哪里加强防守；善于防守的人，要使敌人不知向哪里进攻。"只有这样，才能给自己造成有利的形势，掌握主动权，从而打败敌人。

诸葛亮还总结前人经验，列出一些制胜的具体方法，说：在山地、丘陵作战，不应由低处向高处仰攻；在水上作战，不应逆流攻击；在草地上作战，不应去高深茂盛的地方；在平地作战，不应朝有村落的地方进攻。反过来，如果自己处于居高临下和顺流等有利的地势，就要在合适的时候狠狠地打击敌人，在打击敌人的时候要"疾如风雨"，不给敌人以喘息的时机。他形容说：攻击敌人要迅速，要像苍鹰擒获猎物那样迅速勇猛，要像大河决堤那样势不可当，这样军队没付出多大代价而敌人就会溃散，这样用兵才能胜券在握。

第四，在指挥作战时，诸葛亮主张"兵以奇正为始"，要奇正并用，使"奇正相生，而不可穷"。这是对孙武思想的继承。《孙子》中说："凡战者，以正合，以奇胜。""战势不过奇正，奇正之变，不可胜穷也。"所谓奇，就是根据具体情况，机动灵活地作战，不受阵地、营垒的限制，采取迂回、暗袭等战术；所谓正，就是按照一般常规的情况，在阵地上、营垒中，正面、公开地进行战斗。诸葛亮认为这两种方法互相配合，灵活运用，才能发挥更大的作用。

第五，在作战方式上，诸葛亮在重视阵地攻坚战的同时，也注意采取运动伏击战。在第二次北伐退军时，用伏击斩杀王双，在第四次北伐退军时，用伏击射杀张郃，便充分地说明了这一点。

第六，诸葛亮非常重视战争的后勤工作，认为战争要以一定的物质条件做基础。强调要以"粮食为本"，还要重视"器械为用，委积为备"，军备物资的充足才是胜利的保证，量财力物力而用兵。他不仅在刘备北夺汉中、东征孙吴时认真做好后勤工作，"足食足兵"，而且在自己领兵北伐曹魏时，也要求部下做到"足食足兵"（蒋琬就是一例）。他还改进运输工具，用"木牛流马"向前线运送粮食物资，以保证军需供应。

第七，重视和改善武器装备。诸葛亮对武器装备的重视在三国时期是最为突出的，陈寿称赞诸葛亮"工械技巧，物究其极"，就说明了这一点。经他提倡和组织，西蜀制造了大量的刀、匕首、矛、斧、剑、箭、弩机、铠甲、蒺藜（扎马钉）等，并且亲自改进了连弩机，在战争中发挥了重要作用。他还非常注重武器装备的质量。在他所写的《作斧教》中，对制作刀斧不合格的主管官吏进行了严厉的批评，主张将他们拘捕治罪。诸葛亮说："这绝不是小事情，如果在作战中使用这种武器，就要遭致失败。"在《作匕首教》中，诸葛亮要求"作部"（主管制作兵器的机构）制造一批适用的短而锋利的匕首，供给骑士作为辅助武器装备，在《作刚铠教》中诸葛亮要求作部"皆作五折刚铠、十折矛以给之"，保证质量，以加强军队的战斗力。

总之，诸葛亮在战争的理论原则以及指挥作战等方面，提出了一些值得重视的思想和意见。

虽然在实践中达到这些要求，并做出准确的判断和提出正确的方案，是很不容易的，往往要有或大或小、或多或少的失误和偏差，但诸葛亮主观上认识到运用计谋的重要性，并在实践中加以一定的运用，仍然是难能可贵的。

长于巧思

陈寿曾指出："亮性长于巧思，损益连弩，木牛流马，皆出其意。推演兵法，作八阵图，咸得其要。"也就是说诸葛亮在军事方面有一些创造发明。这些发明创造都是实在之物，都具有一定的科学道理，并不是什么神秘的东西。

什么是八阵图呢？

阵，是指交战时的战斗队列（队形）。由于交战时情况变化无常，军队行军打仗的队列以及屯驻的防御部署，也要根据敌情、地形、天时等不同情况，加以变化，这就需要讲究阵法。图，在这里指法度。阵图就是阵法。不仅两军交战时要讲究阵法，行军屯驻时也要讲究阵法。军队行军打仗的队列以及屯驻时的防御部署，总是要有一些基本的阵形。这些基本阵形及其变化，就是阵图。八阵图就是阵法的一种或者说是当时阵势的通称。基本上是八种阵形变化之法。

早在春秋战国时期就有八阵。汉代学者郑玄认为孙武有八阵。《孙膑兵法》中也有"八阵""十阵"等篇目。"八阵"篇论述了运用八阵作战的原则，并且指出"知八阵之经"是"王者之将"应具备的条件之一；"十阵"篇论述了十种阵法的特点和作用。东汉时期，窦宪曾用八阵击破北匈奴。

诸葛亮很讲究阵法，他的八阵图在学习继承古代兵家的布阵之法的基础上，又有所创新。正因如此，他的行军（包括前进后退）、作战（包括进攻和防御）和宿营方法，在实践中无懈可击，使魏军吃了苦头。东晋时期桓温征蜀时，看见白帝城下诸葛亮八阵图遗迹，"以为常山阵势"。孙子说："善用兵者，譬如率然，率然者，常山之蛇也。击其首则尾至，击其尾则首至，击其中则首尾俱至。"可见，诸葛亮的八阵图在指挥作战时是很机动灵活的。诸葛亮病逝，蜀军退走后，司马懿"案行其营垒处所曰：天下奇才也"。可见，诸葛亮用八阵法宿营是很讲究的，深得司马懿的叹服。诸葛亮自己也曾说："八阵既成，自今行师，庶不覆败矣。"这不完全是自诩之辞。

西晋李兴评价诸葛亮的八阵图时指出："推子（诸葛亮）八阵，不在孙、吴（意为孙子、吴起时没有）。"李兴所说的意思，应该把它理解为诸葛亮在八阵法方面有了新的创造和发展，并不是古时没有八阵法。李贤在为《后汉书》做注时说，"兵法有八阵图"，窦宪以八阵破北匈奴，"由是观之，则八阵图盖古法也。非诸葛亮创为之也。亮能因古法之意而推行之耳"。说的也是这个意思。

诸葛亮制订的八阵法，对后世曾产生过一定影响。《晋书·职官志》记载，曹魏掌权者司马昭灭掉蜀汉之后，命令"明解军令"的陈勰学习诸葛亮的"围阵用兵倚伏之法，又甲乙校标帜之制"，并且用"武侯遗法教五营士"，即用八阵法演练魏军。"围"在这里指守卫，魏延为汉中太守时，"皆实诸围，以御外敌"，就是这个意思。"倚"指依托，"伏"指隐藏，是讲阵地的防守。"甲乙校标帜之制"，是指不同标号的军队，以旗帜为标志，进行调动的方法。陈勰所操练的军队，调动自如，很有效用。

据《晋书·马隆传》记载，西晋的武威太守马隆讲究行军布阵之法。他依照诸葛亮的八阵图，"作偏箱车"，转战西北，在困难的条件下战胜树机能等，平定凉州。北魏的刁雍上书献文帝，建议"采诸葛八阵之法，为平地御寇之方"，被采纳，在反击柔然侵扰边境的作战中，发挥了一定作用。唐代军事家李靖根据诸葛亮的八阵法创制了六花阵法。六花阵法是营法（防御部署）和阵法（进攻措施）相结合的布阵方法。杜牧之在《孙子注》中说："诸葛武侯以石纵横八行为方阵，奇正之出，皆生于此。奇亦为正之正，正亦谓奇之奇，彼此相穷，循环无穷也。"

总之，诸葛亮的八阵图是在继承前代军事家阵法的基础上和在战争实践中形成的，在阵法方面颇有独到之处。在练兵打仗过程中，诸葛亮注意运用这种阵法，提高了蜀军进攻和防御的能力。八阵图表现了诸葛亮的"巧思"和军事才能，但并不像传说或《三国演义》书中所描写的那样，什么"有气如天"，能够飞沙走石，遮天盖地，从而把它神秘化了。

诸葛亮八阵法的详细内容，没有流传下来。有的书上所绘的八阵图，是后人附会的，不足为据。相传诸葛亮曾聚石布成八阵图，以训练将士。据记载，石垒八阵图的遗迹主要有三处：一是在今陕西勉县南，一是在今重庆奉节县南江边（白帝城下），一是在今四川新都县的弥牟镇。对于三处遗址的真与假，尚无定论，但这些遗址的确是蜀汉军队当年作战和练兵的地方。即使其中有真的石垒阵图遗迹，由于年代久远，我们也无法从中来推断诸葛亮八阵法的具体内容了。

什么是木牛、流马呢？

木牛、流马都是木制运载工具（主要是运送粮食）。由于它们是不吃草的牛，能转动的马，具有牛和马的功能，所以称之为木牛、流马。

诸葛亮北伐曹魏，粮食是个大问题，不仅要有充足的粮食，还要把大量粮食运到前线，这就要耗费大量人力和畜力。第一次北伐，魏延建议用奇兵袭击长安时，曾要求领"精兵五千，负粮五千"，"负粮"的与作战的兵员一样多。可见运粮问题的突出。

诸葛亮为了提高运粮的效率，减轻运粮的负担，经过苦心研究，终于制成了木牛、流马，并在最后两次北伐过程中使用。

由于木牛、流马的实物和图形没有流传下来，有关文字记载又有一些难解之处。专家推测，木牛是一种木制独轮小车。在汉代以前，我国劳动人民就已经创造出木制独轮小车，汉代称为鹿车（也叫辘车）。诸葛亮适应山地的运输，把这种鹿车加以改进，称为木牛。成都羊子山二号汉墓出土了"骈车"画像砖，从画像砖右下角推独轮小车的人的形象，可以看到木牛的大体轮廓。木牛大体上可载一人一年的吃粮（毛粮为六百多斤），这不算少。每天可走二十里，虽然"人不大劳"，但速度不算快。原因除山地运输不方便外，也是由于车轮太小。后来，诸葛亮在木牛的基础上加以改进，制成了流马。流马是木制四轮小车，行走的速度比木牛加快了，也比较平稳。

不论如何，由于蜀国畜力不足，山地运输又不方便，诸葛亮运用巧思，改进制造了人力运输工具木牛、流马，只用人力推拉，减轻了背负的重担，不用铡草喂牲口，提高了运输效率，对蜀国解决向前线运输军粮的困难，起了一定的积极作用。

什么是连弩呢？

弩是一种利用机械力量发射箭镞的兵器，由弩弓、弩臂和弩机组成。装置在弓臂后面的金属（多为铜制）发射器叫弩机。一次能够接连发射多枝箭镞的弩叫连弩。弩在战国时期就已经被使用，汉代出现了连弩。诸葛亮为了适应战争的需要，着力改进武器装备，连弩就是其中重要的一项。史书记载说：诸葛亮"损益连弩，谓之元戎，以铁为矢，矢长八寸，一弩十矢俱发"。这种"十矢俱发"的连弩，号称为"摧山弩"，就是因为它的威力强大，在当时被列为第一流的兵器。

除"元戎"外，诸葛亮还制有其他弩。王应麟《玉海》称："西蜀弩名尤多，大者莫逾连弩，十矢，谓之群雅，矢谓之飞枪，通呼为摧山弩，即孔明所作元戎也。又有八牛、威边、定戎、静塞弩。"

当时，魏军的骑兵居于优势，蜀军则长于弩士。诸葛亮以尚武能射的劲卒，组成连弩士的特种部队。连弩士在魏军骑兵的冲击下，能够比较有效地保护自己和消灭敌人。曹魏大将张郃就是被蜀军"弓弩乱发"射死的。当步兵在作战地形不利时，就用车阵来应付，弩士以车为掩蔽物，能够发挥出强大的威力。所以李兴赞扬说："神弩之功，一何微妙！"

1964年，在成都附近郫县出土了后主景耀四年（261年）二月制造的铜弩机。这件弩机制作的时间，在诸葛亮死后二十七年，当是经诸葛亮改进后的弩机的一种。弩机的构造部件主要有机盘、钩括、扳机和望山（瞄准器）等，是一件制造精良的"强弓劲弩"。强弩用臂力是张不开的，发射时要用脚踏，扳机动后，钩括往下一缩，所钩住的弦随即弹出，箭镞就被发射出去。发射时用望山瞄准，命中率很高。

诸葛亮对其他兵器的制作也要求提高质量，多次下达教令，强调兵器制作质量的重要性。他在《作刚铠教》中，命令"作部皆作五折刚铠，十折矛以给之"。就是说制作部门制作铠甲时，要冶炼和反复锻造五次，以提高铠甲的质量；对矛的硬度和韧性要求更高，要用冶炼和反复锻造十次以上的钢铁制作。至于蒲元根据诸葛亮的命令铸造的钢刀，非常锋利。

诸葛亮还制造出质量坚固，能够有效防御敌人刀箭杀伤的铠帽。据《宋书》记载，此帽极坚固，"二十五石弩射之不能入"。由此可见，诸葛亮确实制造过坚固的作战护身的筒袖铠、铁帽，这种连二十五石弩都不能射入的铠帽，在当时是质量精良的装备。

上述情况表明，称赞诸葛亮"工械技巧，物究其极"，是符合实际情况的。

第九章

高风亮节

《诫子书》是诸葛亮对儿子的训示，也是他自己多年修身从政的经验之谈，其中融会了一些道家思想。原文的第一句话是：「夫君子之行，静以修身，俭以养德，非澹泊无以明志，非宁静无以致远。」意思是说，一个品德高尚的人，以心静来修养自身，以俭朴来培养美德。不清心寡欲就无法确立远大志向，不心情宁静就无法达到深远境地。

严于律己

诸葛亮很欣赏孔子的一句话："其身正，不令而行；其身不正，虽令不从。"主张统治者要正己教人。他说："上之所为，人之所瞻也，夫释己教人，是谓逆政，正己教人，是谓顺政。故人君先正其身，然后乃行其令。身不正则令不从，令不从则生变乱。"还说："先理身，后理人。""理上则下正，理身则人敬。"也强调身教重于言教，统治者要给手下的人做出样子来，才有利于政令的贯彻执行，才能把国家治理好。

诸葛亮本人也注重"正己"，严格要求自己，很注意自己言论和行动的影响。

诸葛亮正己的标准是什么呢？主要的是孝、悌、忠、信。《礼记·乐记》："圣人作为父子君臣以为纪纲。"孔颖达注疏说："君为臣纲，父为子纲，夫为妻纲。"这就是惯常所说的"三纲"。"纲"是指居于主要和支配地位。其中尽忠尽孝是道德品质的主要标准。由"三纲"君臣关系的忠、父子关系的孝，再到兄弟之间的悌、朋友之间的信，都是重要的伦常之道，也就是重要的道德标准。当然，道德规范、行为准则不只是这些。

诸葛亮在实践中是如何严于律己的呢？有以下几点值得肯定：

第一，诸葛亮效忠蜀汉，注意处理好最高统治集团内部的关系。

孔子说："君使臣以礼，臣事君以忠。"孟子说："无父无君是禽兽也。"诸葛亮非常信奉儒家的忠君思想，以兴复汉室为己任。他在《兵要》中说："人之忠也，犹鱼之有渊，鱼失水则死，人失忠则

凶。"还说："二心不可以事君，疑政不可以授臣。……君以礼使臣，臣以忠事君。"

诸葛亮不仅对刘备忠心耿耿，对刘禅也是毫无二心。刘备托孤时，诸葛亮表示一定"竭股肱之力，效忠贞之节"，而且在实践中毫不动摇，履行了他的诺言。

在北伐期间，李严给诸葛亮写信，劝他进爵称王，接受"九锡"。他说："我与足下是老相知了，难道还不相互了解？足下现在用光耀国家来教诲我，告诫我不要拘泥于常道，因此我不能再沉默了。我本来是东方才学低下之士，辅佐先帝，误被先帝重用，地位居大臣之首，所得俸禄赏赐也非常多。如今讨贼尚未奏效，先帝知己之恩还未报答，就比照齐桓公、晋文公那样，受到尊崇，坐自贵大，这与义理不合。假如灭掉魏国，斩了曹叡，皇帝还于故都洛阳，那时我再同诸位同僚一起升迁，就是十种赏赐，我也可以接受，何况是九锡呢！"

李严劝诸葛亮受九锡晋爵称王，是有他自己的打算。联系他前后要大官争大权的表现，他鼓动诸葛亮称王，是为了自己得到升迁，或者是为了陷诸葛亮于不义。正因为如此，诸葛亮才立即给李严回信，表明自己并无称王之心，谢绝了他的"好意"。

那么，诸葛亮信中所说的"虽十命可受，况于九邪"，又如何解释呢？这是指"灭魏斩叡，帝还故居"，立大功、建大业之后，而且是与"诸子并升"。他明明知道，在自己有生之年是很难灭掉曹魏的，所以这样说，实际上是对不图建功立业，一心只为个人争官争权的人的一种"批评"，是对李严不良居心的一种"敲打"。其实，按照诸葛亮的功勋、权力和威望，他是可以受"九锡"、称王的。如果他真想"受锡"称王，就是不灭掉曹魏，也是可以做到的。但是，诸葛亮以蜀汉的利益为重，为了维护国家的整体利益，为了防止别人借机搬弄是非，挑拨蜀汉君臣之间的关系，他没有这样做，一直到累死在前线军中。事实胜于雄辩：诸葛亮一生的行动表明，他不是不能称王，而是不想称王。有人根据诸葛亮的这封信认为诸葛亮北伐的目的不是"兴复汉室"，而是积累资本，树立权威，受九锡称王，进而称帝，有"不臣之心"，这纯粹是别有用心。

诸葛亮的襟怀坦荡、光明磊落，同李严的口是心非、虚情假意，形成了鲜明的对比。正因如此，才出现蜀国"上不生疑心，下不兴流言"的局面。有人评论说，诸葛亮"受六尺之孤，摄一国之政，事凡庸之君，专权而不失礼，行君事而国人不疑"。唐代裴度在碑文之中也说，诸葛亮"权倾一国，声震八纮，上下无异词，始终无愧色"。这些评价，是符合实际的，并不为过。

正因为如此，后主刘禅对诸葛亮非常信任，毫不猜忌，明确地对诸葛亮说："政由葛氏，祭则寡人。"让诸葛亮放手地去做。诸葛亮也对得起刘备、刘禅父子对他的信任。

不过，个别敌视诸葛亮的人还是有的。一个叫李邈的蜀汉官员，原以为诸葛亮"功高震主"，一定落得个身败名裂的下场。可是诸葛亮注意处理好上下关系，使人无隙可乘，李邈大失所望。于是他在诸葛亮死后发丧的时候，上疏后主说："诸葛亮身仗强兵在外，狼顾虎视，野心勃勃，臣常担心发生意外。现在诸葛亮已死，刘氏宗族能得保全，西戎可以静息，大小可以为之庆幸了。"刘禅看到他这样无中生有，胡说八道，肆意诋毁、中伤公忠于国的贤臣，勃然大怒，把他下狱治罪，最后处死。

为了蜀汉政权的利益，诸葛亮对年幼无能的后主刘禅，一方面忠心辅佐，毫无功高欺上之心；另一方面也坦诚地对其进行帮助，经常匡谏，要求非常严格，要后主多征求意见，求取善道，察纳雅言，如果他不在后主身边，就委以正直的人管理宫中事宜，以匡正后主。如北伐时，后主要扩充妃子的数量，"秉心公亮"的董允坚决谏阻，指出"古者天子后妃之数不过十二，今嫔嫱已具，不宜增益"。后主只好作罢。

诸葛亮这种"委质定分，义无二心"的品格，深受当世人和后人的赞扬。西晋人张辅在其《乐葛优劣论》（论乐毅与诸葛亮的优劣）中说："余以为睹孔明之忠，奸臣立节矣。"关于如何评价诸葛亮的"忠"，后面还要说到。

第二，诸葛亮对于孝道也是很重视的。

孔子说："人则孝，出则悌。"又说："其为人也孝悌，而好犯上者鲜矣，不好犯上而好作乱者未之有也。"孝不仅要养亲，还要尊亲。孟子说："孝子之至，莫大乎尊亲。"诸葛亮由于"幼失怙恃"，又过早地离开家乡，未能尽"人子之道"，但他哥哥诸葛瑾"遭母忧，居丧至孝。事继母恭谨，其得人子之道"。诸葛亮在孝亲方面其思想当与其兄无异。后主刘禅的生母甘夫人不是刘备正妻。刘禅即位后，诸葛亮上表追尊甘夫人为昭烈皇后，以满足刘禅尊奉生母的"寒泉"孝思。在表中诸葛亮引《礼记》中的话说："立爱自亲始，教民孝也；立敬自长始，教民顺也。"诸葛亮这样做，固然是沿袭"母以子贵"的礼法，但也体现了他弘扬孝道以孝教民的良苦用心。

第三，诸葛亮注意处理好公私之间的关系。

诸葛亮的哥哥诸葛瑾在孙权手下担任重要官职（后来官至大将军），效忠孙权；诸葛亮是蜀国丞相，效忠刘氏政权。因此，两人的关系便成为政治上很敏感的问题。早在赤壁之战前，诸葛亮奉刘备之命出使东吴，孙权爱其才，想要诸葛瑾以兄弟关系挽留诸葛亮为自己效劳。孙权对诸葛瑾说："你与孔明是亲兄弟，弟随兄符合大义，为什么不劝留孔明呢？"诸葛瑾回答说："弟亮委质定分，义无二心，弟之不留，犹瑾之不往也。"公元215年，孙权派诸葛瑾出使西蜀，通好刘备，诸葛亮只按接待别国使臣的礼节对待他，除公事会面交谈外，兄弟俩从未私下会面。后来诸葛瑾代吕蒙领南郡太守，与蜀汉的接触较多，有人密告孙权说他私通刘备、诸葛亮。孙权说："孤与子瑜，可谓神交，非外言所间也。"至于诸葛亮，刘备对他更是深信不疑，所以才有临死托孤之事。

诸葛亮辅佐刘禅后，与诸葛瑾有书信往来，书信的内容往往是谈公事，致力于维护和加强双方的联盟关系。如公元229年的《与兄瑾言陈震书》，是在孙权称帝后派陈震去东吴致贺时所写的，目的是帮助陈震顺利完成使命。公元231年，诸葛亮在《与兄瑾言孙松书》中，对孙权侄儿的去世致以哀悼之意，也是从维护两国的盟好关系出发的。

第四，诸葛亮坚持以信为本。

信的中心含义是诚实不欺。不仅朋友之间要讲信，治理国家也要讲信。孔子说："人而无信，不知其可也。""道千乘之国，敬事而信。"这表明信既是交友的准则，也是立国的根本。

诸葛亮在《论诸子》中，专门选了信的事例。他说："尾生长于守信，不可以应变。"可见诸葛亮对人与人之间守信的重视。尾生是一个坚守信约的人，《庄子·盗跖》："尾生与女子期于梁下，女子不来，水至不去，抱梁柱而死。"尾生这种守信行为被人们所赞扬，如《国策·燕第一》里说："信如尾生，廉如伯夷，孝如曾参，三者天下之高行也。"诸葛亮在这里一方面肯定了尾生的守信，另一方面否定了他不知"应变"，以致被水活活淹死。

诸葛亮以诚信与朋友相交。他在隆中时与徐元直、崔州平等人友善，以诚信互勉。后来他怀念说："昔初交州平，屡闻得失，后交元直，勤见启诲。"可见他们之间的友谊是以诚信为本的。诸葛亮主张朋友之交应该是"石交"，即友情要像坚石那样牢固。他在《论交》一文中明确反对交友的"势利之交"，这在前边已经做过介绍了。

更重要的是，他作为统治者，对下非常讲诚信。

蜀汉在军队中实行"十二更下"的制度，就是服兵役的人员定期轮换，在一定时间内回家休息团聚，从事生产。"十二"是指十分之二，即更下番休的人员占总兵员的十分之二，如果总兵员为十万人，则番休者为二万人。《三国志·魏志·邓艾传》记载："令淮北屯二万人，淮南屯三万人，十二分休，常四万人，且田且守。"即五万人中有一万人番休，一万人是五万人的十分之二。蜀汉这里的"十二分休"，也是指十分之二。"更下"与"分休"是一个意思。这是一种有利于兵员休息、发展生产的好制度。

诸葛亮第四次北伐时，领兵十万出祁山攻魏，司马懿率兵三十万拒之。诸葛亮下属人员认为魏军人多势大，建议暂停更下制度一个月，以壮声威。诸葛亮不同意这样做，说："我统率部队，以坚持信用为根本。从前晋文公不愿为攻占原国而失信于人，古人就很珍惜信用。现在轮休的士兵收拾行装等待行期，家里的妻子像鹤一样翘首盼归，计算着丈夫回来的日期，虽然按规定减少了一些兵员，但信义不能废弃。"

诸葛亮坚持以信为本，信守诺言，坚决按制度办事，遣令应"更下"的两万人回家，使兵士们非常感动。他们纷纷要求留下作战，取得了"杀张郃却宣王（司马懿）"的胜利。

第五，诸葛亮廉洁奉公。

诸葛亮"清心寡欲"，注意为官清廉。他对春秋时期的孙叔敖十分敬佩，因为孙叔敖相楚，生活简朴，十分廉洁。为了改变东汉以来官吏贪图享乐、贪残浮华的作风，诸葛亮要求下属为官清廉，自己生活也注意简朴。他病重期间在给后主上表时曾说："如今我家在成都有桑树八百棵，薄田十五顷，子弟的衣食，已比较宽裕。至于我在外任职，没有其他花费，随身的衣服伙食，全部依靠官府供给，不会再经营别的生计，增加点滴私产。到我死时，一定不要使我家中有多余的财物，外地有多余的财产，不然就辜负陛下的恩宠了。"

到诸葛亮死时，果然如他自己所说的那样。

诸葛亮"位极人臣，禄赐百亿"。除刘备刚入成都，赏赐给他的金五百斤、银一千斤、钱五千万外，刘备、刘禅还赏赐给他很多，加上俸禄所得，达到了"百亿"。其中一部分用于购买田宅，自家生活所需，其余的他都用于别处，没有据为己有，他对皇帝刘禅说："不使内有余帛，外有赢财"，是不会有假的。

诸葛亮家中的桑树、田地比一般平民多出了不少，但对于一个官至丞相的人来说，这个数字就不算多了，更重要的是他不谋求私产。他生前在给李严的信中曾提到："今蓄财无余，妾无副服。"诸葛亮的妾连多余的服装都没有，正表明了他律己之严。张澍对此感慨地说："（武乡）侯之妾乃无副服，其俭德可师矣。惜妾之姓不传。"在封建社会中，官宦、地主、富人纳妾是一种习俗，不能认为诸葛亮有妾是他在道德上的缺损。

为了反对东汉以来的厚葬风气，诸葛亮遗命把自己葬于定军山下，殡仪从简，依山造墓，能容得下棺材就行，入殓时穿平常的衣服，不搞随葬器物。在封建社会里，像诸葛亮这样一位身居一人之下万人之上的丞相，能够做到这些是难能可贵的。蜀汉政府的官员，有些人能够做到"不治私产"，比较清廉，应该说与诸葛亮以身作则的影响是有关系的。

无独有偶，汉末三国时期另一个杰出人物曹操也是崇尚节俭的。他"雅性节俭，不好华丽"，也深得人们的赞扬。

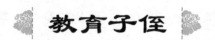

教育子侄

诸葛亮严格要求子侄，注意对他们进行教育。由于他军政事务繁忙，经常在外，便用通信的方式对子侄进行教诲，从而使人们能够从这些书信中比较具体地了解其教育的内容。

诸葛亮起初没有儿子，将他哥哥诸葛瑾的次子诸葛乔过继给自己，作为儿子。

公元227年，诸葛亮北伐时，让诸葛乔随军一同来到汉中。为了让诸葛乔在艰苦环境中经受锻炼，诸葛亮不许其搞特殊化，安排他和其他将领的子弟一起，率领一部分兵卒（时诸葛乔为驸马都尉），在山谷中押解转运军需物资。这种工作相当艰苦，要顶风冒雨，跋涉于崇山峻岭之中。为此，诸葛亮特地给诸葛瑾写了一封信说："乔儿本来可以回到成都去，可是现在诸将子弟都在执行转运军中物资的任务。考虑到应该与大家同甘苦、共荣辱，所以我现在命令乔儿率领五六百名兵士和诸将子弟一同在山谷中转运物资。"

从这里我们可以看出，诸葛亮对高级将领子弟的要求是从严的，对自己儿子的要求也是严格的，对大家一视同仁、不搞特殊。

诸葛亮要求子侄们要有远大的政治抱负，他在《诫外甥书》中说："应当树立远大的志向，敬慕古代贤人，去掉私情杂欲，抛开牵制障碍……要经受顺利和曲折等不同境遇的考验，摆脱细碎事情的干扰和纠缠，虚心向他人请教，根除自己怨天尤人的情绪。……如果志向不坚毅，思想境界不开阔，碌碌无为地陷身于世俗中，无声无息地被欲念困扰，就会永远混杂在凡夫庸人之间，难免变成下流没出息的人。"

这个外甥可能是诸葛亮二姐夫庞山民的儿子庞涣。从信中我们可以看出，诸葛亮对后辈的立志修身是非常重视的，强调要培养意志情操，否则就会成为凡庸之人。

公元227年（建兴五年），诸葛亮喜得一子，取名诸葛瞻，字思远。这一名字也具有"高瞻远瞩""志当存高远"的寓意。

诸葛亮在注重教育培养子侄品德修养的同时，还注重他们的读书学

高风亮节

习。诸葛瞻少年时才思敏捷，诸葛亮很关心其成长。建兴十二年（234年），诸葛亮在给亲兄诸葛瑾的信中说："瞻儿今已八岁，聪慧可爱，嫌其早成，恐不为重器耳。"

与此同时，诸葛亮给诸葛瞻写信，对他进行教育。这就是广为流传的《诫子书》。

《诫子书》是诸葛亮对儿子的训示，也是他自己多年修身从政的经验之谈，其中融会了一些道家思想。原文的第一句话是："夫君子之行，静以修身，俭以养德，非澹泊无以明志，非宁静无以致远。"意思是说，一个品德高尚的人，以心静来修养自身，以俭朴来培养美德。不清心寡欲就无法确立远大志向，不心情宁静就无法达到深远境地。

诸葛亮对远在东吴的侄儿的成长，也是很关心的。当诸葛亮听说孙权打算用诸葛瑾的长子诸葛恪为"节度官""典掌军粮"时，认为诸葛恪"性疏"，担心他难当此重任，就写信给陆逊，托他转达给孙权。信中说："我哥哥年岁已大，但恪儿性情粗疏，现在委派他去掌管粮谷，粮谷是行军作战最至关紧要的物资，我虽在远方，也心中暗暗有些不安。请足下特为此转告吴主，把恪儿调换一下。"

陆逊将信的内容转告孙权后，孙权改任诸葛恪其他职务。

诸葛亮所以这样做，是为了让侄儿做其所能胜任的工作，把事情搞好，而不是考虑侄儿的官位高低和官职是否重要。就是说把侄儿的前途同孙吴的国家利益、双方的联盟关系联系起来进行考虑，这也是可贵的。

诸葛亮对子侄的教育可以说是相当周全的，不仅注意品德修养、治学之方、立身之道等方面，甚至连接人待接、控制酒量等细节，也都不厌其烦，谆谆教诲。他在《又诫子书》中说："摆设酒宴，在于合乎礼节，表达情意，适应身体和性情的需要。礼节尽到了就要退席，这就达到了和谐美满的境地。如果主人的情意未尽，客人还有余量，可以饮到有醉意时为止，但不能醉到迷乱丧失理智的程度。"

这一封"诫子书"当是写给诸葛乔的，因为这时诸葛瞻年纪尚小，谈不到摆设酒宴，合乎礼节，表达情意的问题。

可见诸葛亮对子侄的教育达到了无微不至的程度。

诸葛亮对子侄的"训诫"，对后世的影响是深远的。十六国时期的凉武昭王李玄盛抄写诸葛亮的"训诫"来教导诸子，说："古今之事不可以不知，苟近而可师，何必远也。览诸葛亮训励，应璩奏谏，寻其终始，周（公）、孔（子）之教尽在中矣，为国足以致安，立身足以成名，质略易通，寓目则了，虽言发往人，道师于此。"

可见李玄盛对诸葛亮的"训诫"是很重视的，认为这些"训诫"不仅对"立身成名"有帮助，对"为国治安"也能起重要作用。

诸葛亮对子侄的管教是有成效的。诸葛乔的才华不及他哥哥诸葛恪，但他的品德和学业都超过了诸葛恪，这和诸葛亮的严加管教是分不开的。诸葛乔仕蜀为驸马都尉，死得很早，儿子诸葛攀在蜀国做了官（翊武将军）。

诸葛瞻的成长也很快，他擅长书法绘画，官至尚书仆射、加军师将军，为官清正，忠于蜀汉。后来在邓艾进攻蜀国时，在极为困难的条件下，领兵抵抗。邓艾给诸葛瞻写信说："若降者必表为琅邪王。"他拒不接受邓艾的高官诱降，怒斩来使，最后战死在绵竹战场上，时年三十七岁。诸葛瞻的儿子诸葛尚也一起战死。诸葛瞻、诸葛尚不愧为诸葛亮的子孙。

诸葛亮哥哥诸葛瑾在孙吴方面做官，深得孙权信重，后升迁为左将军，督公安，封宛陵侯。孙权称帝后，拜大将军、左都护、领豫州牧。诸葛瑾公元241年（赤乌四年）病故，终年六十八岁。诸葛融袭爵，摄兵驻公安，后来官至奋威将军。其兄诸葛恪是陆逊死后东吴的重要将领，孙权死时以诸葛恪（大将军）、孙峻（侍中）辅孙亮。他力主攻魏，公元253年（建兴二年），他率领二十万大军进攻曹魏，士卒遭疾疫，被打得大败。不久为孙峻设计杀死。诸葛恪被诛后，诸葛融受株连，服毒而死。

诸葛攀回吴国归宗后，其子诸葛显留蜀。蜀汉灭亡后，随同诸葛亮之孙诸葛京迁至河东郡（今山西境内）。

诸葛京后来仕晋，为郡县县令，后来官至江州刺史。

诸葛亮之弟诸葛均，仕蜀任长水校尉，妻林氏。儿子诸葛望，事迹不详。

鞠躬尽瘁

诸葛亮在完成他的事业的过程中，历尽坎坷。为了实现奋斗目标，他毫不动摇，勇往直前。他效忠于刘备集团的信念，矢志不渝。诸葛亮刚一出山辅佐刘备，就在曹操的大军压境下遭到惨败。他确实是"受任于败军之际，奉命于危难之间"。在这种不利的局面下，诸葛亮到东吴说服孙权同刘备共抗曹操，赤壁之战的胜利使刘备集团在荆州站稳脚跟，并向益州发展势力。

诸葛亮在江东期间，张昭设法要诸葛亮留下来辅佐孙权，诸葛亮毫不动心，坚决不肯留下，裴松之称赞说："观亮君臣相遇，可谓希世一时，终始之分，谁能间之？"

荆州之失，夷陵之败，刘备之死，一个打击接着一个打击，一个失利接着一个失利。在这种困境之中，诸葛亮又一次"受任于败军之际，奉命于危难之间"，顶住了曹魏方面施加的压力，拒不称藩，并且公开表示与曹魏势不两立的决心。

刘禅年轻即位，又无才能，诸葛亮完全可以取而代之。可是他毫无二心，全力辅佐刘禅。在三国所有"顾命"大臣中，唯诸葛亮的担子最重，困难最多。

为了克服各方面的困难，改变蜀国的不利局面，寻找发展的出路，诸葛亮日夜思索，绞尽脑汁，施展计谋。他对各方面工作都认真负责，一丝不苟，兢兢业业，终日操劳，不得休息。除全面担负全国的军政事务外，他还亲自组织兴修水利、桥梁、道路、驿舍等工程，亲自过问养蚕、织锦、煮盐、冶铁、铸钱等生产，亲自设计监制木牛、流马、连弩等器械，亲自检查一些重要兵器的制作。他大事小事都抓，"躬自校簿书，流汗竟日"。因此，丞相主簿杨颙很为诸葛亮的健康担心，曾劝他不要太劳苦。

秦汉以来的传统是丞相不管小事，只管大事。丙吉是西汉宣帝时的丞相，一次外出，见有人当街聚众斗殴，死伤者横于道路，他过而不问。有人问他为什么这样做，他回答说："民人斗殴死伤，归长安令和京兆尹来管。"陈平是西汉文帝时的丞相，一次文帝问他国家一年收入多少钱谷，他回答不出来，说："钱谷之事，主管官员知道。"杨颙用这两个历史故事来劝诸葛亮，是想要诸葛亮少管一些具体事情，多注意身体。对于杨颙的劝告和关心，诸葛亮很是感激。但他重任在身，治实不治名，对事业的责任心使他对许多事情不能不亲自过问处理。丞相府的簿书能反映国家各方面的情况，对治理好国家很有用处，他怎能不翻阅呢？杨颙死后，诸葛亮深为惋惜。

诸葛亮公忠体国，尽职尽责，以诚待人，苦口婆心，不厌其烦地致力于统治集团内部的团结和一致，维护了蜀汉政权的稳定。

诸葛亮不辞劳苦，不怕染上疾病，亲自领兵南征，深入不毛之地。在他领兵出发之前，屯骑校尉、领丞相长史王连诚恳地劝谏说："此不毛之地，疫疠之乡，不宜以一国之望，冒险而行。"王连说的

话一点儿也没有错，泸水以南的地区，充满瘴烟之气，汉人在这里不注意就容易中毒，同时地理环境不便，在这一地区行军打仗，是很辛苦危险的。

诸葛亮对王连的建议经过一番思考后，认为平定南中事关重大，便不顾个人安危，没有接受这一劝阻。经历了千辛万苦，排除了种种险恶，最终取得了平叛的胜利。从公元228年到公元234年的七年中，诸葛亮先后进行五次北伐曹魏的战争，以弱攻强，以少攻多，运粮困难，用人失误，战争受挫，他毫不退缩，知难而进，百折不挠，坚持到底。

在长期的北伐战争中，诸葛亮更是日理万机，兢兢业业，亲自过问处理各方面的事情，仅解决军粮的运输问题，便使他花费了不少精力。就连军中砍鹿角用的斧子质量低劣，他也亲自过问说："这不是件小事情，如果打起仗来是要招致失败的。"因此他的工作异常繁重，起早睡晚，食量很小。这连敌方都是很清楚的。司马懿曾对将士们说："诸葛孔明吃得很少，事务烦杂，能活得长久吗？"诸葛亮终于积劳成疾，最后死于军中。临死前，诸葛亮还在考虑接替自己的人选和安排如何退军的事宜。他效忠蜀汉，"以身殉国"，确实是"鞠躬尽瘁，死而后已"。

当然，作为一个国家的丞相，事必躬亲，大事小事一把抓，这不能不说是一个严重的缺点。我们不是说诸葛亮不抓大事，而是说他抓大事的同时还过多地过问了许多琐事。这样做既分散了精力，也严重损害了他的健康。

诸葛亮的"鞠躬尽瘁"，包含着报答刘备的知遇之恩，包含着效忠君主的臣子之节，这是一种封建道德观念。但是仅仅这样去理解还是不够全面的。诸葛亮的"鞠躬尽瘁"，既是为了"忠"于刘备，也是为了追求和实现自己的理想和抱负，其中还包含爱国的内容，就是说他想改善政治，把国家治理好。

唐朝著名诗人杜甫，在追念诸葛亮的一首名为"蜀相"的诗中写道：

丞相祠堂何处寻？锦官城外柏森森。

映阶碧草自春色，隔叶黄鹂空好音。

三顾频烦天下计，两朝开济老臣心。

出师未捷身先死，长使英雄泪满襟。

在这首诗中，杜甫对诸葛亮为国家事业忠心耿耿、奋斗不息的精神倍感崇敬，并抒发了对一个人未竟事业十分惋惜的心情。

儒家的理想人格应该是"修身、齐家、治国、平天下"，诸葛亮一生正是这样实践的。他个人修身和齐家，完全是为了治国、平天下。为了实现治国、平天下的远大抱负，他非常注意修身和齐家，把这些环节有机地统一在一起，堪称是古代封建社会中的典型，给人们留下了深刻的印象。

附

录

前出师表

臣亮言：先帝创业未半，而中道崩殂；今天下三分，益州疲敝，此诚危急存亡之秋也。然侍卫之臣，不懈于内；忠志之士，忘身于外者：盖追先帝之殊遇，欲报之于陛下也。诚宜开张圣听，以光先帝遗德，恢弘志士之气；不宜妄自菲薄，引喻失义，以塞忠谏之路也。宫中府中，俱为一体；陟罚臧否，不宜异同：若有作奸犯科，及为忠善者，宜付有司，论其刑赏，以昭陛下平明之治；不宜偏私，使内外异法也。侍中、侍郎郭攸之、费祎、董允等，此皆良实，志虑忠纯，是以先帝简拔以遗陛下：愚以为宫中之事，事无大小，悉以咨之，然后施行，必得裨补阙漏，有所广益。将军向宠，性行淑均，晓畅军事，试用之于昔日，先帝称之曰"能"，是以众议举宠为督。愚以为营中之事，事无大小，悉以咨之，必能使行阵和穆，优劣得所也。亲贤臣，远小人，此先汉所以兴隆也；亲小人，远贤臣，此后汉所以倾颓也。先帝在时，每与臣论此事，未尝不叹息痛恨于桓、灵也！侍中、尚书、长史、参军，此悉贞良死节之臣也，愿陛下亲之、信之，则汉室之隆，可计日而待也。

臣本布衣，躬耕南阳，苟全性命于乱世，不求闻达于诸侯。先帝不以臣卑鄙，猥自枉屈，三顾臣于草庐之中，谘臣以当世之事，由是感激，遂许先帝以驱驰。后值倾覆，受任于败军之际，奉命于危难之间：尔来二十有一年矣。先帝知臣谨慎，故临崩寄臣以大事也。受命以来，夙夜忧虑，恐付托不效，以伤先帝之明；故五月渡泸，深入不毛。今南方已定，甲兵已足，当奖帅三军，北定中原，庶竭驽钝，攘除奸凶，兴复汉室，还于旧都：此臣所以报先帝而忠陛下之职分也。至于斟酌损

益，进尽忠言，则攸之、依、允等之任也。愿陛下托臣以讨贼兴复之
效，不效则治臣之罪，以告先帝之灵；若无兴德之言，则责攸之、依、
允等之咎，以彰其慢。陛下亦宜自谋，以谘诹善道，察纳雅言，深追先
帝遗诏。臣不胜受恩感激！今当远离，临表涕泣，不知所云。

译文：

臣诸葛亮上言：先帝创立帝业还没有完成一半，就中途去世了。现
在，天下已分成魏、蜀、吴三国，我们蜀国人力疲惫，物力又很缺乏，
这确实是国家危急存亡的关键时刻。然而，侍卫大臣们在宫廷内毫不懈
怠，忠诚有志的将士在疆场上舍身作战，这都是因为追念先帝在世时对
他们的特殊待遇，想报效给陛下啊。陛下确实应该广泛地听取群臣的意
见，发扬光大先帝留下的美德，弘扬志士们的气概；不应该随随便便地
看轻自己，言谈中称引譬喻不合大义（说话不恰当），以致堵塞忠臣进
谏劝告的道路。

皇宫的侍臣和丞相府的官吏都是一个整体，对他们的提升、处分、
表扬、批评，不应该因人而有什么差别。如果有徇私舞弊、违犯法律和
尽忠行善的人，陛下应交给主管的官吏，由他们评定应得的处罚或奖
赏，用来表明陛下公正严明的治理方针。不应偏袒徇私，使得宫内和宫
外有不同的法制。侍中郭攸之、费祎、侍郎董允等人，他们都是忠良诚
实的人，他们的志向和心思忠诚无二，因此先帝把他们选拔出来留给陛
下。我认为宫中的事情，无论大小，陛下都应征询他们的意见，然后再
去实施，这样一定能补救欠缺疏漏的地方，获得更好的效果。将军向
宠，性格和善，品德公正，精通军事，从前经过试用，先帝称赞他有才
能，因此大家商议推举他做中部督。我认为军营中的事务，都应与他商
量，这样一定能使军队团结协作，将士才干高的差的、队伍强的弱的，
都能够得到合理的安排。亲近贤臣，疏远小人，这是前汉兴隆昌盛的原

因；亲近小人，疏远贤臣，这是后汉倾覆衰败的原因。先帝在世时，每次与我谈论这些事，没有一次不对桓、灵二帝感到惋惜痛心的。侍中郭攸之、费祎，尚书陈震，长史张裔，参军蒋琬，这些都是忠贞贤良、能够以死报国的忠臣，希望陛下亲近他们、信任他们，那么汉室的兴隆就指日可待了。

我本来是一介平民，在南阳亲自种田，只求能在乱世中暂且保全性命，不奢求在诸侯面前有什么名气。先帝不嫌我身世卑微、见识短浅，反而降低自己的身份，三次到草庐里来访问我，向我征询对当今天下大事的意见，我因此十分感激，于是答应先帝愿为他奔走效劳。后来遇到失败，我在战败的时候接到委任，在危难的时候奉命出使东吴，从那时到现在已经二十一年了。先帝知道我谨慎，因此在临终前把国家大事托付给我。自从接受任命以来，我日夜忧虑叹息，担心不能将先帝的托付的事情办好，有损先帝的圣明。所以我在五月渡过泸水，深入荒凉的地方。现在南方已经平定，兵器已经准备充足，应当鼓舞并率领三军，向北方平定中原。希望全部贡献出自己平庸的才能，铲除奸邪凶恶的曹魏，复兴汉室，回到原来的都城洛阳。这是我用来报答先帝并忠于陛下的职责的本分。至于对政事的斟酌兴废，进献忠诚的建议，那是郭攸之、费祎、董允等人的责任。

希望陛下把讨伐奸贼、复兴汉室的任务交给我，如果没有完成，就请治我重罪，来告慰先帝在天之灵。如果没有劝勉陛下宣扬圣德的忠言，就责备郭攸之、费祎、董允等人的怠慢，来揭露他们的过失；陛下自己也应该认真考虑国家大事，征询治理国家的好办法，听取正确的意见，深切追念先帝的遗训。如果能够这样，我就受恩感激不尽了。现在我就要辞别陛下远行了，面对奏表热泪纵横，不知说了些什么。

后出师表

先帝虑汉、贼不两立，王业不偏安，故托臣以讨贼也。以先帝之明，量臣之才，固知臣伐贼，才弱敌强也。然不伐贼，王业亦亡。惟坐而待亡，孰与伐之？是故托臣而弗疑也。臣受命之日，寝不安席，食不甘味，思惟北征，宜先入南。故五月渡泸，深入不毛，并日而食。臣非不自惜也，顾王业不可偏安于蜀都，故冒危难以奉先帝之遗意。而议者谓为非计。今贼适疲于西，又务于东，兵法乘劳。此进趋之时也。谨陈其事如左：

高帝明并日月，谋臣渊深，然涉险被创，危然后安；今陛下未及高帝，谋臣不如良、平，而欲以长策取胜，坐定天下，此臣之未解一也。刘繇、王朗，各据州郡，论安言计，动引圣人，群疑满腹，众难塞胸；今岁不战，明年不征，使孙策坐大，遂并江东，此臣之未解二也。曹操智计，殊绝于人，其用兵也，仿佛孙、吴，然困于南阳，险于乌巢，危于祁连，逼于黎阳，几败北山，殆死潼关，然后伪定一时尔。况臣才弱，而欲以不危而定之，此臣之未解三也。曹操五攻昌霸不下，四越巢湖不成，任用李服而李服图之，委任夏侯而夏侯败亡。先帝每称操为能，犹有此失；况臣驽下，何能必胜，此臣之未解四也。自臣到汉中，中间期年耳，然丧赵云、阳群、马玉、阎芝、丁立、白寿、刘郃、邓铜等，及曲长屯将七十余人，突将无前；賨叟、青羌，散骑武骑一千余人，此皆数十年之内，所纠合四方之精锐，非一州之所有；若复数年，则损三分之二也。当何以图敌？此臣之未解五也。今民穷兵疲，而事不可息；事不可息，则住与行，劳费正等；而不及早图之，欲以一州之地，与贼持久，此臣之未解六也。

夫难平者，事也。昔先帝败军于楚，当此时，曹操拊手，谓天下已定。然后先帝东连吴、越，西取巴、蜀，举兵北征，夏侯授首：此操之失计，而汉事将成也。然后吴更违盟，关羽毁败，秭归蹉跌，曹丕称帝。凡事如是，难可逆料。臣鞠躬尽瘁，死而后已；至于成败利钝，非臣之明所能逆睹也。

译文：

先帝考虑到蜀汉和曹贼是不能同时存在的，复兴王业不能偏安一方，所以他才把征讨曹贼的大事托付给我。凭着先帝的英明来衡量我的才干，本来他是知道我去征讨曹贼，我的才能是很差的，而敌人是强大的。但是不征伐曹贼，他所创建的王业也会丢掉，坐着等待灭亡，哪里比得上去讨伐敌人呢？因此先帝毫不迟疑地把讨伐曹贼的事业托付给我。

我接受遗命以后，每天睡不安稳，吃饭不香。想到为了征伐北方的敌人，应该先去南方平定各郡，所以我五月领兵渡过泸水，深入连草木五谷都不生长的地区作战，两天才吃一天的饭。不是我自己不爱惜自己，只不过是想到蜀汉的王业绝不能够偏安在蜀都，所以我冒着艰难危险来奉行先帝的遗意。可是有些发议论的人却说这样做不是上策。如今曹贼刚刚在西方显得疲困，又竭力在东方和孙吴作战，兵法上说要趁敌军疲劳的时候向他进攻，现在正是进兵的时候。我恭敬地把一些情况向陛下陈述如下：

高帝像日月一样英明，谋臣们智谋渊博深远，却是经历过艰险，受过创伤，遭遇危难以后才得到安全，现在陛下未必赶得上高帝，谋臣不如张良、陈平，却想采用长期相持的策略来取得胜利，安然平定天下，这是我不理解的第一点。

刘繇、王朗，各自占据州郡，在谈论如何才能安全、提出种种计谋时，动不动就引用圣贤的话，满腹都是疑问，胸中塞满了难题，今年不战，明年又不出征，使得孙策安然强大起来，于是吞并了江东。这是我不理解的第二点。

曹操的智慧计谋，远远地超过一般人，他用起兵来就好像孙膑、吴起一样，可是他却曾在南阳受困，在乌巢处于险境，在祁连山上遭到危险，在黎阳被逼，几乎在北山失败，差一点死在潼关，后来才在表面上稳定了一段时间。何况我的才力很弱，却希望不经历危险就安定天下。这是我不理解的第三点。

曹操五次攻打昌霸没有获胜，四次渡过巢湖没有获得成功。任用李服，可是李服却图谋杀死他；委任夏侯渊，可是夏侯渊却战败身亡。先帝常常称赞曹操是个有才能的人，他还有这些失误的地方，何况我才能平庸低下，哪里就一定能获胜呢？这是我不理解的第四点。

自从我到汉中，其间不过一年罢了，可是却失去了赵云、阳群、马玉、阎芝、丁立、白寿、刘郃、邓铜等人，以及部曲中的首领、屯兵中的将官共七十多人，冲锋无前的将领，賨、羌民族将士以及散骑、武骑各路骑兵一千多人，这都是几十年来从四处聚合起来的精锐力量，不是一州所能具有的。如果再过几年，那就要损失全军的三分之二，那时拿什么兵力去消灭敌人呢？这是我不理解的第五点。

现在百姓穷困、兵士疲愈，可是战争不能停止。战争不能停止，那军队驻扎下来和去攻打敌人，所付出的辛劳和费用正好是相等的。既是这样，不趁现在考虑攻取北方，却想用一州之地，去和曹贼长期相持。这是我不理解的第六点。

天下的事情是很难评论断定的。从前先帝在楚地打了败仗，在这时，曹操拍手称快，认为天下已被他平定了。以后先帝东边联合吴越，西边攻取巴蜀，发兵向北征讨，夏侯渊就被杀掉了，这是曹操未曾想到的，而复兴汉朝的大业将要成功了。后来东吴改变态度，违背了盟约，关羽兵败被杀，先帝又在秭归失误，曹丕称帝，所有的事情都像这样，很难预料。我小心谨慎地为国献出我的一切力量，直到死为止。至于事业是成功是失败，进行得顺利还是不顺利，那就不是我的智慧所能够预见的了。

诫外甥书

　　夫志当存高远，慕先贤，绝情欲，弃疑滞。使庶几之志揭然有所存，恻然有所感。忍屈伸，去细碎，广咨问，除嫌吝，虽有淹留，何损于美趣，何患于不济。若志不强毅，意气不慷慨，徒碌碌滞于俗，默默束于情，永窜伏于凡庸，不免于下流矣。

译文：

　　志向应当建立在远大的目标上，敬仰和效法古代的圣人，弃绝私情杂欲，撇开牵制、障碍，使几乎接近圣贤的那种高尚志向，在你身上明白地表现出来，使你内心震动，心领神会。要能够适应顺利、曲折等不同境遇的考验，摆脱琐碎事务和感情的纠缠，广泛地向人请教，根除自己怨天尤人的情绪。做到这些以后，虽然也有可能在事业上暂时停步不前，但哪会损害自己高尚的情趣，何消担心事业会不成功呢！如果志向不坚毅，思想境界不开阔，碌碌无为地陷身在世俗中，无声无息地被欲念困扰，永远混杂在平凡的人群中，就难免会变成没教养、没出息的人了。

诫子书

夫君子之行，静以修身，俭以养德。非澹泊无以明志，非宁静无以致远。夫学须静也，才须学也，非学无以广才，非志无以成学。淫慢则不能励精，险躁则不能治性。年与时驰，意与日去，遂成枯落，多不接世，悲守穷庐，将复何及！

译文：

有道德修养的人，是这样进行修养锻炼的，他们以静思反省来使自己尽善尽美，以俭朴节约财物来培养自己高尚的品德。不清心寡欲就不能使自己的志向明确坚定，不安定清静就不能实现远大理想而长期刻苦学习。要学得真知必须使身心在宁静中研究探讨，人们的才能是从不断的学习中积累起来的；如果不下苦功夫学习，就不能增长与发扬自己的才干；如果没有坚定不移的意志，就不能使学业成功。纵欲放荡、消极怠慢就不能勉励心志使精神振作；冒险草率、急躁不安就不能陶冶性情，使节操高尚。如果年华与岁月虚度，志愿时日消磨，最终就会像枯枝落叶般一天天衰老下去。这样的人不会为社会所用，只有悲伤地困守在自己的穷家破舍里，到那时再悔也来不及了。

诸葛亮

诸葛亮年谱

汉灵帝光和四年（181年）出生

出生于琅琊阳都（今山东沂南县）的一个官吏之家。

汉灵帝中平六年（189年）9岁

生母章氏去世。

汉献帝初年三年（192年）12岁

父亲诸葛珪去世。

汉献帝兴平二年（195年）15岁

诸葛亮姐弟随叔父诸葛玄到豫章（今南昌），后辗转至襄阳投刘表。到刘表所设的"学业堂"学习。

汉献帝建安二年（197年）17岁

叔父诸葛玄病故。诸葛亮与其弟诸葛均定居在隆中草庐，开始了躬耕于隆中的生活。

汉献帝建安十二年（207年）27岁

刘备前往隆中三顾茅庐，诸葛亮对刘备陈说"隆中对"，随即出山辅助刘备。

汉献帝建安十三年（208年）28岁

出使东吴，说服吴王孙权抗曹。是年与曹军战于赤壁，大破曹军。

汉献帝建安十四年（209年）29岁

任军师中郎将。

汉献帝建安十六年（211年）31岁

刘备入蜀，诸葛亮与关羽、张飞、赵云镇守荆州。

汉献帝建安十九年（214年）34岁

留关羽守荆州，与张飞、赵云分兵与刘备会师。刘备攻占成都，领益州牧，诸葛亮任军师将军，署左将军府事，兼益州太守。

汉献帝建安二十年（215年）35岁

治理益州，发展经济，整顿巴蜀内政。为缓解汉中危机，诸葛亮建议刘备将汉中三郡割让给东吴，化解了危机。

汉献帝建安二十三年（218年）38岁

留守巴蜀，供给在汉中作战的刘备。

汉献帝建安二十四年（219年）39岁

刘备占领汉中，"隆中对"的战略计划又实现了一步，三国鼎立的形势初步形成。众臣在诸葛亮的授意下请封刘备为汉中王。

蜀汉章武元年（221年）41岁

刘备称帝，国号"汉"，史称蜀汉。诸葛亮任蜀国丞相，领益州牧。秋七月，刘备率师伐吴，诸葛亮留守成都。

蜀汉建兴元年（223年）43岁

刘备兵败白帝城，诸葛亮自成都到白帝城，刘备永安托孤于诸葛亮。刘备死，刘禅即位，封诸葛亮为武乡侯，领益州牧。

蜀汉建兴二年（224年）44岁

调整巴蜀内政，稳定因刘备战败而混乱的人心。

蜀汉建兴三年（225年）45岁

诸葛亮率军南征四郡，擒孟获而"和夷"，平定南中地区。

蜀汉建兴四年（226年）46岁

准备兴师伐魏。

蜀汉建兴五年（227年）47岁

向后主刘禅呈交《出师表》，率兵出驻汉中。

蜀汉建兴六年（228年）48岁

春，第一次北伐，失街亭，诸葛亮斩马谡。后退回汉中，第一次北伐失败，自贬为右将军，行丞相事。冬，第二次北伐，兵出散关，久围陈仓不克，粮尽退兵。

蜀汉建兴七年（229年）49岁

第三次北伐，遣陈式夺取武都、阴平二郡，恢复丞相职位。

蜀汉建兴九年（231年）51岁

第四次北伐，再次攻打曹魏据点祁山，以木牛流马运输粮草。李严假传刘禅要求退兵的命令，加上蜀军粮草将尽，诸葛亮只得班师，在归途中以伏兵杀了魏国名将张郃。第四次北伐无功而返。

蜀汉建兴十一年（233年）53岁

在斜谷修造邸阁，囤积粮食。

蜀汉建兴十二年（234年）54岁

第五次北伐，因积劳成疾，当年八月病故于五丈原，谥"忠武侯"。